반야는
반야를
완성하고

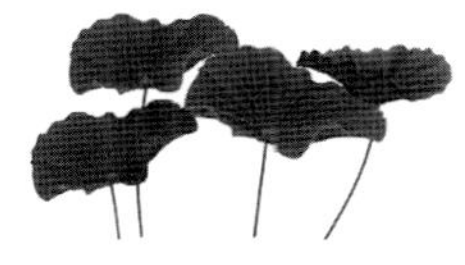

지은이

송준영 宋俊永, Song Jun-young

경북 영주 출생. 법명 취현(醉玄). 당호 월조(越祖). 18세 선문(禪門)에 든 후, 동암성수, 탄허택성, 고송종협, 퇴옹성철, 서옹상순, 설악무산 등 제조사를 참문하다. 서옹선사에게 7년간 일곱 차례 서래밀지(西來密旨)를 묻고 수법건당(受法建幢)하다(임신년 8월). 설악선사로부터 전법게를 받다(임진년 2월). 시집『눈 속에 핀 하늘 보았니』,『습득』,『조실』,『물 흐르고 꽃피고』와 수상시집『습득』이 있다. 논저로『취현반야심경강론』,『표현방법론으로 본 선시연구』,『禪의 시각으로 읽는 반야심경』이 있다. 선서, 선문염송 강의록으로『현대언어로 읽는 선시의 세계』,『禪, 빈거울의 언어』, 선사열전『황금털 사자의 미미소』,『禪, 발가숭이 어록』과, 선시론으로『禪, 언어로 읽다』,『禪, 초기불교와 포스트모더니즘 너머』,『현대시의 이론과 실제』가 있고, 편저로『'빈 거울' 절간과 세간 사이에 놓기』,『이승훈의 문학탐색』,『지혜의 언덕 너머 춤추는 기호』가 있다. 6회 박인환문학상과 17회 현대불교문학상, 16회 유심학술상을 수상했다. 현재 계간『시와세계』와『현대선시』 발행인 및 주간으로 있다. y7276@hanmail.net

송준영의 현대어로 읽는 금강경
반야는 반야를 완성하고

초판인쇄 2019년 10월 31일 **초판발행** 2019년 11월 11일
지은이 송준영 **펴낸이** 박성모 **펴낸곳** 소명출판
출판등록 제13-522호 **주소** 서울시 서초구 서초중앙로6길 15, 1층
전화 02-585-7840 **팩스** 02-585-7848
전자우편 somyungbooks@daum.net **홈페이지** www.somyong.co.kr

ISBN 979-11-5905-426-6 03220

값 16,000원
ⓒ 송준영, 2019

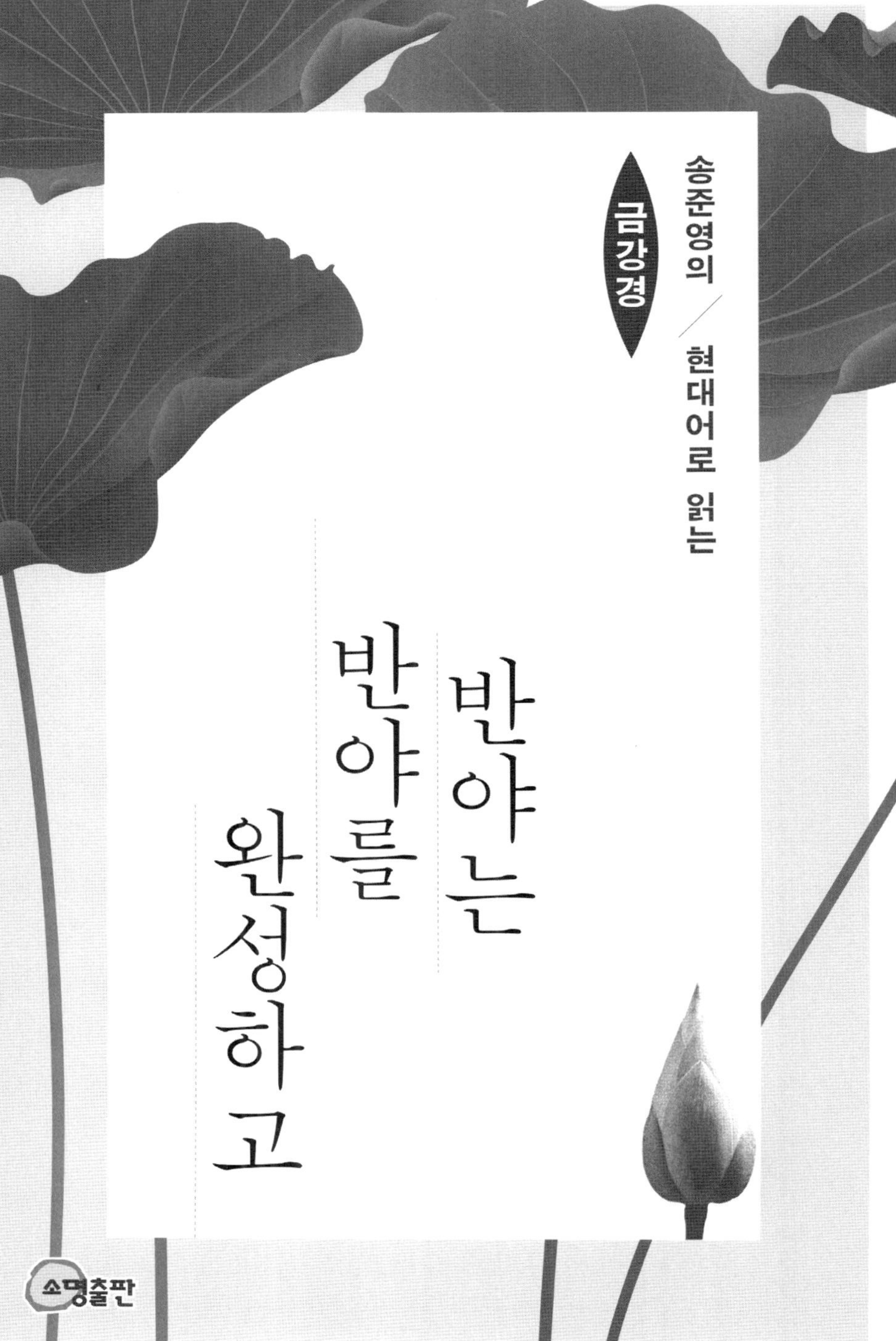

금강경
송준영의
현대어로 읽는
반야는
반야를
완성하고
소명출판

1. 『금강경』은 대승불교의 골수인 무아, 즉 공사상을 가장 잘 드러낸 경전으로 알려져 있다. 『금강경』의 핵심을 노래한 다섯 분 선사들의 오가해는 『금강경』의 진수를 파헤친 것으로 칭송받고 있다. 『금강경』은 삼국시대 우리나라에 들어온 이후 많이 독송되어진 경전이며 특히 선의 소의경전으로서 선종이 주도권을 가지는 고려 말 이후부터는 중요시되었다. 그 주해서로서는 조선 초 간경도감에서 발간한 『금강경삼가해』와 『금강경오가해』가 현존해 있다.

2. 『금강경오가해』에 있는 요진 천축삼장 구마라집이 역한 구본 『금강반야바라밀다경』을 텍스트로 하였고, 조선 초 고승인 함허 득통이 설의한 오대산본을 저본으로 하였으며, 주해는 함허의 설의와 육조 혜능의 해의, 송나라 야보의 게송, 양나라 부흡(부대사)의 제강송, 예장 종경의 제강을 필요에 따라 옮겨 역해하였다. 그리고 고려 중기 진각혜심의 『선문염송』에서 큰 도움을 받았고 간혹, 필자의 착어와 주해를 붙였다.

3. 본문은 저자가 현대적인 입장에서 한글로 축자역과 의역을 하였고, 구마라집의 한역을 각주로 붙여 살펴 읽게 하였으며, 요긴하다고 생각되는 부분은 보유補遺로 착어 및 게송을 첨가하였다.

4. 『금강경』의 분절은 양나라 소명태자의 32분을 그대로 사용하였고 다음과 같이 편의를 도모하였다.

- 번역본을 본문으로 하고 한문본은 각주로 처리했다.
- 경문의 넓은 이해를 위해 보유(補遺)를 달았다.
- 경문 각 주석자 주해의 소제목은 진한 고딕체로 표시했다.
- 고딕체의 소제목 아래 주해한 내용은 흐리게 표시했다.
- 경문에서 간혹 스며드는 느낌을 착어와 게송이라 하여 붙였다.

5. 소통이 어려운 부분은 에드워드 콘즈의 『능단금강반야바라미타슈트라』의 영역과 이기영이 국역한 산스크리트 본을 살펴 첨가하였다.

6. 번역된 한글 역을 읽을 때, 의미가 잘 통하지 않는 부분이 있다. 이것은 활자문화가 제대로 발달되지 않은 당시, 구전口傳으로 암송되는 과정에 문장이 반복되어 지루한 느낌을 받게 되기 때문이다. 이러한 것은 오늘날 사회적·문화적 차이에 의해 난맥을 이룬다. 오랜 문장을 현대 표기로 밝혀 흐르는 언어와 사상을 알고자 노력하였다.

고인古人의 지혜에 개합開合하기를 기원할 뿐입니다.

기해己亥년 월조 송준영 근술

序

般若劍芳殺佛祖하니

吹毛用了急須磨하라

木鵲飛翔徹天外하니

直透千峯萬嶽去로다

반야 칼이여 부처와
조사를 처죽이고
살어린 칼을 쓰고는
급히 갈어라
나무 까치는 날러서
하늘 밖에 사모치니
바로 천 봉오리 만
산악을 통과해 가도
다

佛紀2535年 辛未年 4月3日 西翁

차례

샛별 반짝이듯 잠겼다가 꺼져가듯 다시 반짝이는, 이 말씀을
우린 '바즈라체디까 프리즈나 파라미타'라 부르네. 곧 번뇌
망상을 끊는 다이아몬드처럼 빛나고 견고한 지혜의 이 말씀은
현 산스크리트어와 티벳본이 온전히 전해오네. 우리가
직간접으로 영향을 받은 구마라집, 현장 등의 한역과 우리말
번역은 대은, 탄허가 그중 으뜸이네. 지금 노래될
'다이아몬드와 같은 번뇌망상을 끊는 지혜의 말씀'인
「금강! 유리독 안을 울리는 노래」는 구마라집과 현장의
한역본과 이기영의 산스크리트본과 에드워드 콘즈의
영역본에 기대네. 이 말씀은 중국 양나라 소명태자에 의해
32분절로 나누어 현금까지 널리 소통되고 있네.

존자 수보리와 스승 석가붓다와 대화를 기록한 이 말씀은
오랫동안 많은 사람들로 지혜의 눈을 열게 하는 이 말씀은
용대가리에서부터 뱀꼬리에 이르기까지 갈등과
번뇌를 벗어나 편안한 삶을 누리게 하는 이 말씀은
다르마며 이 다르마는 석가 스승의 깨달은 내용, 곧 삶의
내적 증득, 인간의 존재와 함께 생성하는 갈등의 현상이네.

이 말씀은 스물다섯 번의 우안거를 지낸 기원정사
망고나무 숲에 둘러싸인 햇빛 넘치는 이곳, 이 말씀은
수보리와 그 회상에 동참한 제자들에 의해 2500년이 지난
오늘까지 이음새 없는 통무쇠줄로 이어 오네. 한없는
유리대롱 세계에서 기쁨의 눈물을 쏟게 하는 이 말씀은
이 말씀을 접한 모든 이로 가슴에 읊조리게 할 뿐 아니라
샘솟는 사랑이 되게 하고 사랑을 실천하게 한 이 말씀은
현실에 쫓기고 슬픔에 싸인 우리의 영원한 벗이 되는
감로수가 되고 다시 이 말씀은

붓다 스승과 수보리와의 대화로 처음 되니
"거룩하신 스승이시여, 사람들이 깨달음을 얻기 위해선 어떤 생활 태도, 어떤 마음의 태도를 지녀야 합니까."
"그래 깨달음으로 가는 이는 이런 마음의 태도를 가져야 한다. 모든 생명에 속한, 곧 알로 태어나고 태로 태어나고 습기로 태어나고 화하여 생겨나는, 이 모든 것들을 니르바나의 세계로 이끌리라. 이 현실의 괴로움에서 벗어나게 하리라. 이 같이 한없는 무릇 생들을 모두 저 언덕으로 건너가게 한다. 건네준다는 생각도 없이."
이어서 스승 붓다는 높푸른 하늘과 망고나무와 억만년의 바람줄을 일없이 보시고 생활 태도에 관한 말씀을 이으시네.
"수보리야, 깨달음으로 가는 이는 매사에 집착 없는 보시를 실천해야 한다. 형식에 얽매이지 않는 보시를 실천한다. 겉모양을 따르

지 마라. 머물지 마라. 깨달음으로 가는 이는 오직 이 가르침만이
함께해야 한다.”
　이 말씀은 지극히 보편적 생활 태도, 마음의 태도, 일상 생활과
삶의 문제 해결에서 시작되네.

　이미 보여 준 모든 것은 다 없어진다.
　이미 생겨난 것과 생겨난 것이
　없어지는 것을 함께 보라
　이것이 깨달음의 세계이다.

　이 말씀은 이 순간 되돌아 자신의 내부
　를 가리킨다네. 무너지지 않는 흐름 속에
　떠내려가며 자신의 깨달음의 확립이네.
　이 견고한 다이아몬드도 없어짐에
　처음이 있네. 아아 우린 본래 없는 우리를
　보네. 자기 모습, 바로 스스로의 나를,
　이 말씀은 우리 일상과 마음의 관현악의
　하모니를 들으라네.

　이 몸뚱아리를 자기로 보거나 이어
　나타나는 느낌만을 자기로 여기면
　이 이는 그릇된 길을 갈 뿐 끝내

깨달음과는 멀어진다.

'중도'
'양극단에 떨어지지 않는' 가르침. 이 말씀은
'있는 것과 있지 않은 것'의 세계의 흐름을
'연기의 세계' 위에 건립된 서방정토를 보네
이것이 붓다의 기본이네. 우리 삶의 진솔한
특질이네. 배고프면 밥 먹고 등 가려우면
긁을 뿐이라네. 뒷간에서 속을 쏟고
사람냄새 풍기듯 우리가 우리 존재를 바라
봄은 '이와 같다'라고 말씀할 뿐이네

모든 삶의 길은
헛된 꿈과 같고 포말의 그림자와
같고 이슬과 같고 우레와 같으니
마땅히 이와 같이 관하여야 한다

이와 같다 이와 같다고 말씀하시네.

— 월조 근송

『금강경』을 읽고 점두한다는 것은 우리 마음의 깊고 높은 곳과 한없이 넓고 아주 좁은 곳을 찰나에 이르고자 하는 향상과 관계된다. 모든 반야의 경전 중 가장 많이 읽히는 것은 『반야심경』이다. 이 심경은 반야부의 중요한 부분들을 빈틈없이 요령 있게 간추린 경전이며, 다음으로 많이 읽히는 경전이 『금강경』이다.

『금강경』은 600부 『대반야경』 중 제577부 대반야 16회 중 제9회에 해당되는 「능단금강분」을 이르는 것이다. 이 명칭은 『금강반야바라밀경』 혹은 『능단금강반야바라밀다경』이다. 산스크리트어 명칭은 'Vajracchedikā-prajñāpāramitā-sūtra'이며 반야경 중 핵심이 되는 부분이다. 의미는 완벽한 '반야의 지혜로 피안에 이를 수 있다'는 것이다.

『금강경』은 인도에서도 중요하게 인식되는데, 그것은 인도의 많은 불전 가운데 『금강경』의 경문이 많이 인용되는 것을 보아도 알 수 있다. 중국에서도 중요시되었다. 이것은 육조시대(220~589)에 산동성의 태산 마애磨崖에 이 경전 전문이 새겨진 것을 보아도 알 수 있다. 오조홍인의 한 제자가 『금강경』을 독송할 때, 6조가 된 혜능이 『금강경』의 경구 '응무소주이생기심應無所住 而生其心'을 듣고 마음이 열렸다고 한다.(『법보단경』·『경덕전등록』)

이 경전의 산스크리트 원전인 필사본이 티베트·중국·일본 등에 전해져, 그것에 근거하여 네 종류의 출간본이 나왔다. 중국에서 한문으로 번역된 8본이 출간되었다. 처음 출간한 구마라집[1]의 『금강반야바라밀경』(402)을 구본이라 하고, 660~663년에 현장[2]이 번역한 『대반야바라밀다경 제9 능단금강분』 1권을 신역이라 하였다. 현금에 중국 한국 일본에 사용하고 있는 『금강경』은 모두 구마라집본이다. 능단금강能斷金剛, Vajracchedikā은 '금강석과 같이 능히 잘린다'라는 모든 망상이나 집착을 절단한다는 의미로 주석되고 있다. 『금강경』 과판은 양나라 소명태자[3]가 32분절하였는데, 구마라집 번역본에 붙여 있어서 지금까지 사용되고 있다. 에드워드 콘즈본에도 같이 영역되어 있다.

---

1 구마라집(343~409)은 구자(龜玆, Kucha)국 출신이다. 아버지는 인도인이고 어머니는 구자국 공주다. 쿠차는 위그르어이며 고대불교 국가다. 실크로드인 타클라마칸 사막 북쪽에 있던 나라다. 그는 『금강반야바라밀경』을 번역하였고, 법화경 반야경 아미타경 중론 등 300권이 넘는 역경을 하였다. 그의 제자 3천여 명 중, 도생(道生), 승예(僧叡), 도융(道融), 승조(僧肇)를 라집의 사철(四哲)이라 부른다. 승조는 「조론(肇論)」의 저자이다.

2 현장삼장(玄奘, 602~664)은 스승과 경전을 찾아 중앙아시아 지역과 인도 등을 16년간 여행하며 갖은 고초 끝에 나란타 대학에서 수학하였다. 645년 경(經)·율(律)·론(論)과 사리를 가지고 당나라로 귀국한다. 당 태종이 현장에게 구법여행기를 쓸 것을 명하자 열두 권에 걸쳐 그가 가거나 들은 138개국의 문화, 지리, 기후, 산문, 전설, 사찰, 승려의 수, 인물 등을 자세히 기록한 『대당서역기』를 편찬했다. 현장은 열반 전까지 20여 년간 1,335권이 넘는 불경을 번역하였다. 현장의 번역을 신역이라 하고 구마라집의 번역을 구역이라 부른다. 현장은 중국 법상종의 개창 조사이다.

3 소명태자(昭明蕭統, 501~531)는 『벽암록』 1칙 「확연무성」의 공안에 등장하는 양나라 무제의 아들이다. 총명하여 5살에는 5경을 암송하였고 사람들은 생이지지(生而知之)였다고 한다. 31세에 졸하였다.

『금강경』은 선학들에 의하면 대승 반야부 중에서도 가장 오래된 초기에 나타난 경으로 간주하고 있다. 왜냐하면 첫째 반야 공空, śūnya 사상을 말하고 있음에도, 공이란 말을 전혀 사용하지 않고 있다. 이것은 공이란 말이 확립되기 전에 성립된 것으로 보기 때문이다. 둘째 이 경에는 대승과 소승이 대립되는 경구나 의식이 나타나지 않고 있다. 제15분 「지경공덕」에도 "여래는 대승을 발하는 자를 위하여 설하면 최상승을 발하는 자를 위하여 설한 것이다如來爲發大乘者說 爲發最上乘者說"라는 경구는 이후에 나타나는 소승Hinayāna이나 서로 대립되는 대승Mahāyāna란 말을 쓰지 않고 있다. 이것은 위의 확연한 두 개념이 성립되기 전에 된 것으로 간주하고 있다. 셋째 경전의 형식이 간결한 고형의 모습을 하고 있다. 이 경전에는 이후에 나타난 6성취(신信·문聞·시時·주主·처處·중衆)[4]가 정립되기 전에 쓰여졌다. 곧 경전이 설립되는 의례적인 대승경전의 6성취를 취하지 않고 원시경전에 나타나는 의례와 비슷하다. "이와 같이 나는 들었다. 한 때에 부처님이 사위국 기수급고독원에서 대비구 1,250인과 함께 계셨다"는 변화되고 발전된 의례와는 많이 다르다.[5] 『금강

4　대승경전에 나타나는 '如是我聞 一時佛在王舍城 靈鷲山中 與大比丘衆 千二百五十人 俱 (…後略…)' 이것은 이 경전을 설하기 전에 6성취라는 의례적인 법장의 철학이다. 곧 믿음(信)·들음(聞)·때(時)·설자(主)·곳(處)·무리(衆)를 말한다. 금강경에 무리(衆)가 천이백오십인이라 간편하게 기재되어 있다.

5　『묘법연화경』의 예를 들면 '여시아문(如是我聞), 일시불재왕사성(一時佛在王舍城), 기사굴산중(耆闍崛山中), 여대비구중(與大比丘衆), 만이천인 구 개시(萬二千人 俱 皆是), 아라한(阿羅漢), 제루(諸漏), 이진(己盡), 무복번뇌(無復煩惱), 체득이리(逮得已利), 진제유결(盡諸有結), 심득자재(心得自在), 기명왈(其名曰), 아약교진여(阿若憍陳如), 마하가섭(摩訶迦葉) 등등 많은 아라한들의 명칭이 나오고 많은 보

경』의 경문은 고식적이고 단순하며 후대의 대승 경전과 같은 현학적인 결점이 보이지 않고, 금전적인 많은 보시를 장려하지 않고 가난한 사람들에게 눈을 돌리고 있다. 경전을 독송하고 간단한 사행시라도 외우고 연설하는 것이 무엇보다 더 큰 공덕을 받는다는 말씀이 경전 도처에 깔려 있다.

이러한 경전에 나타나는 경문들로 보아『금강경』은 대승불교가 성립되기 전, 초두初頭인 서기 150년이나 200년경에 만들어진 것이라고 학계에서 말하고 있다.

지구상에 나타났던 일체 종교는 선善(착함)을 행해야 된다고 가르친다.『금강경』이 보여주는 대승불교도 같다. 이 반야부 600부 또한『금강경』의 말씀인 공사상에 근거한 설법이다.『금강경』에 나타나는 보시도 일에 있어서 집착과 욕심이 있어서는 안 되고 맑고 순수한 마음에서만 가능하다. '제4분 보살은 보시를 한다는 것은 꼭 '부주상보시不住相布施(머무른 바 없는 보시)'를 행해야 한다.' 이런 의미의 말씀이 계속 이어지고 있다. 혜능은 응당 상이 없는 마음으로 보시하는 자는 능히 주는 마음도 없고 주는 바의 물건도 없으며 주는 것을 받는 사람의 분별도 없는 부주상不住相 보시를 말한다. 그리고 야보는 만일 천하에 행하려면若要天下行 한 지혜보다 지남이 없다無過一藝强고 했다. 이 게송은 혜능의 말씀을 옹축시켰다 할 것이다. 이러한 사유는 오늘날 인도와 비교하면 많은 인구와 다수의

살 이름과 많은 제자들이 나타난다. 이러한 것은 불교의 발달과 사회의 상황 등에 의해 구체화되고 번쇄해짐을 느낄 수 있다.

빈자들을 새겨 보아도 잘 나타난다. 이 경전은 대다수의 빈곤한 부류를 위하여 대중불교의 대중사상을 펼치고 있다.

『금강경』 당시 사회적·시대적 상황을 고려해보면 전통적 불교 교파 중에 상층계급의 지지를 받았던 설일체유부에서는 탑을 숭배하면 크나큰 공덕을 얻는다고 설법하고 있었다. 반면에 동산주부, 서산주부, 화지부 같은 부파 등은 탑의 숭배는 별로 공덕이 없다고 주장한다. 당시 이미 여러 부파들에 의해 반야부경전이 널리 편찬되었다. 따라서 인도를 비롯하여 주변 국가로 널리 퍼지면서『금강경』은 국제화되어 갔다. 『금강경』의 연구서를 살펴보면 다음과 같다.

인도의 주석본으로는

- 의정이 역한 무착Asaṅga의『능단금강반야바라밀다경논송』1권
- 보리유지 역의 천친天親의『금강반야파라밀경론』3권
- 무착의『금강반야론』2권, 의정 역의 무착 송, 세친(바수반두) 역 『능단금강반야바라밀다경론여』3권

등 주석서가 있다.

중국 주석서로 수백 권이 있다. 당나라 초기에『금강경』의 주석서를 낸 사람이 800여 명이 되었다 한다.

- 수, 지의智顗(531～597)의『금강반야경소』1권

- 수, 길장吉藏(549~597)의『금강반야경소』4권
- 당, 지엄智儼(602~668)의『금강반야바라밀경약소』2권
- 당, 규기窺基(632~682)의『금강반야론회석』3권
- 당, 종밀宗密(780~841)의『금강반야경논찬요』2권
- 송, 자선子璿(?~1038)의『금강경찬요간정기』
- 남송, 백정柏庭善月(1149~1241)의『금강반야바라밀경회해』1권
- 명, 종륵宗泐 1권
- 명, 지욱智旭(1599~1654)의『금강경파공론』1권
- 명, 홍연洪蓮(명 태종) 태종의 명을 받아『금강경50가주』

우리나라에는

- 원효의『금강반야경소』
- 경흥의『금강반야료간』3권
- 원칙의『금강반야경소』
- 태현의『금강경고적기』

등이 문헌에 나타나지만 현재 전하지 않는다.

- 진각眞覺慧諶(1178~1234)의『금강경찬병서주』1권
- 함허涵虛得通(1376~1433)의『금강경오가해설의』2권
- 연담蓮潭有一(1720~1799)의『금강경과목』1권

- 인악仁岳義沾(1746~1799)의『금강경사기』1권
- 백파白坡亘璇(1767~1851)의『금강경팔해경』1권

등이 실존해 전해지고 있다.

함허 득통[1]의 『금강경오가해설의』

　　『금강경오가해』는 당나라 규봉 종밀[2]의 「금강경소론찬요」와 육조 혜능[3]의 「금강경해의」 구결과 양나라 부흡(쌍림 부대사)[4]의 「금강경제강송」, 송나라 야보 도천[5]의 「금강경의 게와 송」, 송나라 예장 종경[6]의 「금강경제강」을 이른다. 『금강경』의 32분절 중 상권은 학

1　함허 득통(涵虛得通, 1376~1433) : 고려 말, 나옹 혜근—무학 자초를 잇는 대학자이며 대선사이다. 법명은 기화(己和)이며, 숭유억불을 국시로 삼는 조선 초 불교를 지킨 선사이다. 배불정책에 맞서 『현정론』을 짓고, 『금강경오가해설의』와 『원각경소』 등을 저술하여 정법수호에 진력하였다. 제자들이 지은 『함허어록』이 있다.

2　규봉 종밀(圭峰宗密, 780~841) : 화엄종 제5조이다. 화엄종의 초조 지엄을 이어 두순, 법장, 징관의 계보를 잇는 종사다. 육조 혜능의 제자인 화택 신회의 법맥을 잇는 화택종의 선사이기도 하다. 그의 사상은 선교일치론을 주장하였다.

3　육조 혜능(六祖慧能, 638~713) : 중국 선종의 제6대조이다. 달마에서부터 제6대가 되며 남종선의 시조이다. 석가를 잇는 가섭으로부터 제28대가 되는 달마를 통해 처음 선의 뿌리가 중국으로 유입된 후 혜가, 승찬, 도신, 홍인을 잇는 선종의 6대 조사이다. 그의 제자로는 남악 회양, 청원 행사, 남양 혜충, 영가 현각, 화택 신회 등의 고족이 있다. 중국 선종을 확산한 그의 사상은 돈오돈수 한마디로 귀결된다.

4　부흡(傳翕, 497~569) : 중국 양나라 때 승려로 양무제를 귀의시킨 선사이다. 흔히 쌍림 부대사라고 불리며 쌍림수 아래에서 깨달음을 얻었다. 「심왕명」의 작가이다. 당시 승속으로부터 존경을 받았다.

5　야보 도천(冶父道川, 미상) : 중국 송나라 때 선사다. 한 칼에 내리치는 활구는 선시의 백미로 추앙을 받는다. 「마하대법왕」과 「금강경 게송」은 오늘날 선시의 표본으로 알려졌다. 특히 『금강경』을 시로 주해한 시구는 천하의 선시를 압도한다는 평이 있다. 그의 법계는 보리 달마(28대) (…중략…) 육조 혜능(33대)—남악 회양(34대) (…중략…) 임제 의현(38대)—홍화 존장 (…중략…) 석상 초원(44대)—취암 가진(45대)—야보 도천(49대)에 이르나 이후 선종사에서 그의 법맥은 사라진다.

6　예장 종경(豫章宗鏡, 미상) 중국 송나라 때 선사다. 『금강경오가해』에 기록된 종경

계에선 5가의 주해들이 별본으로 유포되었다고 본다. 소명의 32분절 중, 제14분까지가 상권이 된다. 이 5가들의 글을 한 권의 책으로 묶은 편자는 확실치 않다. 『금강경오가해』는 앞에서 약간 다루었듯이 우리나라 불교에 지대한 영향을 끼쳤다. 이것은 우리나라 여러 사찰에서 개판하고 출간되어 각 강원에서 중요한 교재로 사용되었음을 보아도 잘 나타난다. 세조 3(1457)년 간경도감에서 간행한 동활자본이 저본이 되어 각 사찰에 남아 있는 것을 보아도 알 수 있다. 성종 13년의 운흥사 판, 중종 20년의 심원사 판, 중종 25년의 광흥사 판, 중종 32년의 신안사 판, 선조 2년의 동원사 판, 인조 10년의 용복사 판, 인조 13년의 석왕사 판, 인조 13년의 운주사 판, 숙종 5년의 운흥사 판, 운주사 판, 은흥사 판, 숙종 27년의 봉암사 판이 있으며(『한국불교전서』 7책), 1926년 8월에 발간한 월정사 판이 있다. 본 텍스트는 한암이 서문을 쓴 월정사 판을 저본으로 하고 있다.

세종이 『석보상절』에 야보·종경·함허, 세 분을 삼가언해로 해서 문종과 세조에게 편집하라고 명한 것을 보아도 왕가에서 인정을 받았음을 알 수 있다. 세조 때인 1462년에 야보·종경·함허 삼가의 언해본을 간행하였고, 또 2년 후 간경도감에서 간행한 『금강경육조해의』 언해본이 세조의 명에 의해서 출간한 것을 보아도 『금강경오가해』가 우리나라 불교의 중심적긴 교재로 크게 영향을 끼쳤음

의 「제송찬요」는 이론적 교의를 떠나 선적 체험과 반야의 이치를 드러내고 있다. 조선 말 한암(漢巖宗憲, 1876~1951)이 1937년에 『예장사문종경제송강요서』를 편찬한 저술이 있다.

을 알 수 있다. 이어 오가해의 내용을 살펴보면 5가는 규봉, 육조, 부흡, 야보, 종경의 차례로 편집되었다. 함허의 『금강경오가해설의』는 『금강경』 본문과 야보의 게와 송과 종경의 제강에만 붙이고 있다. 특히 야보의 게와 송에는 전권을 통하여 일일이 설의를 첨가하고 있다. 그 이유는 다섯 분의 주해자들이 보는 견해가 서로 다름에 있다고 본다. 규봉의 경우 무착(아상가)이나 세친(바수반두)의 논을 계승하여 논리적이며, 교학적인 입장에 의해 주해하고 있고, 혜능과 부흡은 반야를 무상 무주 묘용으로 풀고 있으면서도 교학적 논리에서 벗어나지 못하고 있다. 이에 반해 야보와 종경은 교학을 벗어나, 금강반야의 무상 무주 실상의 이치를 우리 삶의 일상과 현실에 반영하므로, 함이 없는 실천적인 견해를 여지없이 보이고 있다.[7] 오가해 중 야보, 종경을 설의한 함허의 견해는 『금강경』의 도리에 벗어나지 않음을 읽을 수 있다. 특히 오가 중 야보와 종경, 오가해를 설의한 함허는 선적 체험을 통달한 경지에서 실상을 점두點頭하고 조사선적 활구선인 격외도리를 드러냄을 보아서도 알 수 있다.

---

7 『금강경오가해설의』 서두에 혜능은 "금강경은 모양이 없는 것을 종으로 삼고, 머묾이 없는 것을 체로 삼고 묘유로 용을 삼는다(夫金剛經者 無相爲宗 無住爲體 妙有爲用)" 같이 『금강경』을 해설하고 있다. 경서는 선을 고정하고 교학적이며 이론적인데 반해 함허 설의에 "반야의 신령스러운 근원은 텅비어서 어떠한 모양도 없으며, 탁 트여서 머물 곳도 없고, 공하여 존재하지 않는다. (…중략…) 모양이 없으면서도 제상을 방해하지 않는다(般若靈源 廓然無諸相 曠然無所住 空而無在 (…中略…) 無相以不礙諸相)"에서 나타나듯이 함허는 불성은 공한 것만이 아니라 우리의 삶에 현실적 묘유로 작용함을 말한다. 이 말은 그저 공하고 빈 허무한 것만이 아니라 인간세계에 바탕이 되어 현실적이고 근본적으로 도움이 됨을 이르고 있다. 특히 『금강경삼가해』인 야보, 종경, 함허의 주해만이 언해본을 간행할 것을 명한 세종의 식견에 놀라움을 보게 된다.

이 오가해의 본지本旨가 오늘날까지 한국 불교에 그대로 이어져 왔음이 확인된다. 『금강경오가해』에 함허는 육조·야보·종경을 중심으로 해의하였고 규봉·육조·부흡의 글에는 각기 한 곳만 평을 하고 야보 게송에는 일일이 게송을 붙이는 것을 보아도, 격외선을 중심으로 한 한국 불교의 흐름을 읽을 수 있다 할 것이다.

경을 설법한 연유

法會因由

    나는 이와 같이 들었다① 스승②께서 1,250명의 비구들과 계실 때 때가 되어 가사 입고 발우 들고 코사라성에 드시어 차례로 걸식을 하셨다. 그리고 제자리로 돌아오셔서 공양을 끝내고 가사와 발우를 거두고 발 씻고 늘 하듯 가부좌를 하고 앉으셨다.

보유補遺

    『금강경』은 삼륜종, 천태종, 화엄종 등의 교종의 소의경전일 뿐만 아니라, 선의 오조 홍인이 교전教典을 삼은 이후, 육조 혜능에 이르러서는 더욱 중요시되었다. 이 경은 반야부의 대품, 소품 등 제부 275부의 경전이 있다. 이들은 모두 용수Nagarjuna의 반야공관에 이론적 기초를 두고 제법諸法의 무자성無自性을 논증하고 있다.

如是我聞① 一時 佛② 在舍衛國③ 祇樹給孤獨園④ 與大比丘衆 千二百五十人俱 爾時世尊 食時着衣持鉢 入舍衛大城 乞食於其城中 次第乞已 還至本處 飯食訖 收衣鉢洗足已 敷座而坐

이 『금강경』의 명칭은 Vajracchedikā-prajñāpāramitā-sútra, 곧 『능단금강반야바라밀경』이며 능단금강能斷金剛은 '금강석과 같이 잘 잘린다' 또는 '금강저와 같이 잘 깨뜨린다'의 뜻이다. 이것은 일체의 의심이나 집착을 끊어버린다는 의미로 예부터 설명되고 있다.

본『금강경』의 강의는 중국 양나라 소명 태자(501~531)가 32분절한 것이 일반적으로 널리 사용되고 있다. 구마라집Kumarajiva(344~413)의 번역본에도 나누어 게재되어 있다. 에드워드 콘즈의 범본 과판도 소명의 32분절로 되어 있다. 이것이 32분으로 나누어짐은 내용의 개요를 일목요연하게 하는 구실을 하기 때문이다.

구마라집의 한역 제題는『금강반야바라밀경』이고 요진천축삼장姚秦天竺三藏 구마라집鳩摩羅什 역譯이라 하여 역경한 사람의 이름과 나라이름이 붙어있다. 요진은 후진後秦이라고도 하며, 강족羌族의 요장이 전前 진왕秦王 부견을 죽이고 세운 나라이다. 천축은 인도이고 삼장은 경·율·논에 밝은 스님을 가리킨다. 라집은 인도가 아니고 중앙아시아 불교국가 구자龜玆, Kucha인이지만, 통칭 천축이라 하였다.

육조 해의

① **나는 이와 같이 들었다**如是我聞 : 스승 붓다 사후, 제자들은 저마다 들은 것을 외워서 경전을 편찬하였는데 제1 결집은 스승이 입적한 해인 BC 544년에 왕사성 칠엽굴에서 대가섭을 상수로 하여 500 제자들이 경과 율, 이장을 편찬하였다. 곧 들은 설법을 그대로 믿고 따르며 기록한다는 의미로

‘나는 이와 같이 들었다’이며 참석한 도든 비구의 동의 아래 아란이 암송하였다 한다.

②-1 스승佛 : ‘불佛’은 산스크리트어語이며 중국어로는 ‘각覺’이다. 각의 뜻에 두 가지가 있다. 하나는 ‘외각外覺’, 곧 모든 법이 공함을 관하는 것이고, 다른 하나는 ‘내각內覺’으로 마음이 공적함을 알아 6진塵(색色·성聲·향香·미味·촉觸·법法)에 물들지 않고, 밖으론 사람들의 잘못을 보지 않고, 안으로 사미邪迷에 혹한 것을 입지 않는 것을 말한다.

야보 게송

‘불佛’은 면목 없이 시비를 설하는 자이다.	無面目 說是非漢
아명은 실달이고 커서 이름은 석가였다.	小名悉達長號釋迦
사람을 무수히 제도하고 모든 삿됨 섭복攝伏했다.	度人無數攝服群邪
만일 다른 이를 불이라 하면	若言他是佛
스스로가 도리어 마魔가 되니	自己却成魔
단지 한 가지 무공적無孔笛을 잡아서	只把一枝無孔笛
너를 위해 태평가를 부르리라.	爲群吹起太平歌

월조 강해

야보게송의 게송偈頌은 게偈와 송頌을 말한다.

중국에서 불교와 함께 유입된 산스크리트어 가타gāthā가 가타, 게타, 게 등으로 음역된 ‘게’와 중국에 본래 있던 ‘송’과 합쳐지며 게송 혹은 선게禪偈로 불렀다. 이때 ‘송’은 시경육의 중, 송에 해당하는데,

성왕을 칭송하기 위한 운문과 종묘재나 외국 사신을 영접하는 시문에 해당하므로 게와 합쳐지게 되었다.

1행의 '무면목 설시비한無面目 說是非漢'은 게다. 게는 인도에서 건너온 단도직입으로 골수를 찌르는 할喝과 같은 것이다. 곧 착어나 단평을 말한다. 2행에서 보이는 송은 중국에 원래 있던 내용을 꾸민 시를 말한다. 그러나 게송은 한시에서와 같이 4언절구나 칠언율시와 같은 형태를 따르지만 한시와 같이 엄격한 운율을 무시하고 자유롭게 쓴 게송이 많다. 또 내용적으로 보면 한시의 송과는 현격한 차이를 보이고 있다. 이 게송은 미학 쪽보다는 중생을 가르치기 위한 선사들의 간절노파심절懇切老婆心絶이 게송 속에 자리 잡고 있기 때문이다. 곧 게송은 언어를 빌려 언어 밖의 현묘한 이취를 읊고 있다. 때문에 한시에서 볼 수 없는 현대의 자유시와 같다. 한시에 맞추어보면 다양한 언어와 형태로 보여주기도 한다.

우리나라에서도 선시의 초조로 일컬어지는 고려 중후기 진각 혜심, 고려 말 나옹 혜근, 조선 초의 함허 득통, 조선 중기의 서산 휴정, 조선 말의 경허 성우와 같은 선사들의 선시는 중국 성당盛唐의 여러 대가들과 견주어도 빠지지 않는 훌륭한 선시를 남겼다. 또 이들과 버금가는 선시를 남긴 분들도 많다.

함허 설의

'불佛'은 본원천진불本原天眞佛이 이것이냐 상호엄신불相好嚴身佛이 이것이냐. 한 몸에 두 향심鄕心을 나누어 지었다. 형상 없이 도리어 형상이 있으니 사람을 만나 시비를 설한다.

그대는 49년의 설법을 보라. 황엽黃葉을 권장해서 어린 아이의 울음을 그치게 함이었다. 오직 한 곳에 크게 잊기 어려움이 있으니 황엽 잎의 구멍 없는 피리로 우리 집의 겁외가劫外歌를 불겠다. 겁외가는 어떤 일을 노래하는가. 사람과 하늘의 본래태평을 노래하는 것, 사람 사람의 다리 아래 청풍이 불고 개개의 면전에 밝은 달이 비친다.

②-2 스승 : 산스크리트어 'bhagavan'의 번역. 제자가 스승을 부를 때 박아반이라는 호칭을 사용하였다. 우리 책은 달하는 부분은 모두 '스승'이라 번역하였고, 성격화聖格化된 경우에는 '세존'이라는 관용역어를 사용했다.

③ 사위국舍衛國, Śrāvastī : 고대인도 중부지역어 있던 코살라Kōsala 왕국의 수도이다. 석가스승이 살아 있을 때, 파사익왕이 불교를 신봉하고 선정을 베풀었다고 한다.

④ 기수급고독원祇樹給孤獨園 : 기원정사. 산스크리트어로 Jetavana nāthapiṇda -dasya-ārāma. 기수祇樹는 'Jetavana'의 번역이니 '제타 태자의 숲'이라는 의미다. 파사익왕의 태자 이름이다. 급고독원給孤獨園은 고독한 사람에게 음식을 주는 사람'이니 곧 수달다 장자의 다른 이름이다. 수달다가 석가스승에게 정사의 대지를 구하다가 제타 태자의 숲을 자리로 정하고, 금화를 땅에 깔고 이 땅을 사겠다고 하였다. 이곳에 설립된 정사의 이름이 기수급고독원정사 혹은 생략하여 기원정사祇園精舍라고 한다.

멀리 못 갔다 가까이도 있지 않았다 눈 뜬 깜깜이 속
을 눈 감은 돌들은 안다 눈뜬 그대 햇빛 밝아 눈 뜬
청맹이야 본래 이것은 안과 밖, 중간 어디에도 없어라
한 눈썹도 움직이지 않음이여! 이곳을 본처라 이르지
말라

— 월조 게송

수보리가 붓다께 가르침을 청함
善現起請

　　그때 비구들이 스승의 처소로 왔다. 이마를 스승의 발에 대고 예배한 뒤 **오른쪽으로 세번 돌고**① 물러나 앉으셨다. 이와 같이 **수보리**②도 그들과 같이 자리에 일어나 가사의 한 쪽은 오른쪽 어깨에 밀어 올리고 오른쪽 무릎을 땅에 꿇어 합장 공경하며 말했다.

　　"드문 일입니다. 거룩하신 세존이시여. 여래께선 깨달음으로 가는 이들이 깨달음을 얻기 위해 어떤 생활태도와 어떤 마음을 지녀야 합니까."

　　"그래 착하고 착하다. 수보리야 그대의 말대로 여래는 깨달음으로 가는 이들이 잘 간직하도록 하고 깨달음으로 가는 이들에게 잘 당부도 한다. 들어라 그댈 위해 이른다. 사람들이 깨달음을 얻기 위해서 이와 같은 생활태도와 이와 같은 마음을 지녀야 한다."

　　"그렇습니다, 그렇습니다. 듣기를 원합니다."

時 長老**須菩提**② 在大衆中 卽從座起 偏袒右肩 右膝着地 合掌恭敬 而白佛言. 希有世尊, 如來 善好念諸菩薩 善付囑諸菩薩. 世尊, 善男子善女人 發**阿耨多羅三藐三菩提**③心 應云何住 云何降伏其心. 佛言 善哉善哉 須菩提 如汝所說 如來 善護念諸菩薩 善付囑諸菩薩, 汝今諦聽 當爲汝說. 善男子善女人 發阿耨多羅三藐三菩提心, 應如是住 如是降伏其心. 唯然世尊 願樂欲聞.

① **오른쪽으로 세 번 돌고** : 구마라집 한역의 '우요삼잡右遶三匝'이라는 말이 있다. 고대 인도에서는 귀인에게 존경의 뜻을 표할 때, 오른쪽으로 그 주위를 세 번 돌았다. 이와 같이 아시아 불교권에 전래되어 탑이나 보리수, 불상도 본존을 중심으로 오른쪽 어깨를 향해 걸어가는 행사로 행해진다. 오늘날도 불교도는 이 규정을 지키고 있다.

② **수보리**須菩提 : 산스크리트어 'subhūti'의 음역. 일반적으로 선현善現, **묘생**妙生, **선길**善吉, **선실**善實, **공생**空生, **선업**善業 등으로 의역되었다. 십대제자 중 공도리를 잘 이해하였기 때문에 해공제일解空第一이라 불렸다.

함허 설의

함허가 그의 『금강경오가해』에서 이르기를 '양기楊岐方會(993~1048, 임제의 8세 법손)가 말하되, "황면노자가 스스로 가련하다. 수보리가 나와 드물다希有라 말하는 것을 듣고 바로 얼음이 풀리고 기와가 무너졌다"는 것은 학인들로 하여금 바로 위없는 겁외劫外의 자리에 오르기를 바라고 한 것이다. 또 대혜大慧宗杲(1089~1163, 양기의 5세 법손)가 말하기를 '황면노자가 한 말도 하지 않았는데 수보리는 무슨 도리를 보고 회유希有, 곧 드물다 한 것인가. 다만 양기의 얼음이 녹고 기와가 무너지는 곳을 향해 보아 자연히 보고 얻어버리면 일생의 공부하는 일을 마칠 것이다' 한 것이다.

세존께서 앉으셔서 한 말도 하지 않은 최초의 일구자一句子를 눈앞에 가져와 여러 사람의 면전에 두 손으로 나누어 맞추었는데 수보리가 이미 이 뜻을 알고 나와서 '희유希有'라 말할 뿐이다. 수보리가 없었다면 누가 가히 이 암중에 명료함을 알았을까.

다시 설의하기를 "스승께서 단좌하여도 한 말도 하지 않는 최초의 일구를 눈앞에 가져가 여러 사람의 얼굴 앞에 두 손으로 나누어 맞추었는데 수보리가 이것을 알고 일어나 "희유합니다(드뭅니다)"고 말한 것이다. 만약 수보리가 없었다면 누가 있어 이 어둡고 깜깜한 곳, 현현하여 묘묘한 이곳을 환하게 밝혀暗中之明 알 수 있었을까. 이로 인하여 비야리[1]성城에서 일어난 일을 생각하니 한 소리가 삼천 세계를 진동할 것이다.

월조 강해

월조가 말을 어찌 아끼랴!
생각하고 생각하지 않고 또 침묵하고 이 침묵 없이
스승께서는 이 일을 마치시다.

세존께서	世尊
도솔천을 여의기 전에	未離兜率
이미 부왕의 왕궁에 태어났으며	已降王宮
마야부인의 태에서 나오시기 전	未出母胎

---

1 비야리 : 산스크리트어로는 베살리. 마갈타국과 상대했던 발지인(跋祇人)의 도성.
  『유마경』 등을 설한 곳이다.

이미 사람들을 다 제도하셨다 度人已畢

－『선문염송』「도솔래의」 1칙

「도솔래의」 1칙을 위해 한 선장이 게송을 읊으니 곰곰이 생각하지 마시라. 그저 가볍게 한번 읽기를 바라며 게송을 옮긴다.

도솔천을 여의기 전에	未離兜率境
벌써 부왕의 궁전에 강탄하셨고	已降父王宮
중생을 다 제도하셨어도	雖度衆生畢
아직도 어머니 뱃속에 계신다 하니	猶居母腹中
참으로 묘한 재주가 아니요	良由非妙用
또 신통도 아니니	亦不是神通
공연한 법도를 세우지 말고	勿自立規矩
말 속에 종지를 알도록 하라	承言須會宗

－ 곤산원, 『선문염송』「도솔래의」 1칙

여기서 그대로 알아라.

다시 사량하지 말거라.

침묵하지 않음이 중요하다.

야보 게송

1.

여래가 한 말 없었는데	如來不措一言
수보리가 찬탄하였으니	須菩提便與讚嘆
눈 갖춘 승한 이들은	具眼勝流
한번 눈여겨볼 일일세	試着眼看

2.

담 사이 뿔을 보고 문득 소임을 알그	隔牆見角 便知是牛
산 넘어 연기를 보고 불이 남을 안다	隔山見烟 便知是火
홀로 앉으니 천상천하가 높고 높아라	獨坐巍巍 天上天下
남북동서가 거북을 비비며 기와를 친다	南北東西 鑽龜打瓦
돌	咄[2]

함허 설의

1. 문장의 게를 설의함

바로 보았으니 염출하지 않았는데 뜻을 들어 문득 '있음有'임을

2　염롱법(拈弄法) : 이 한마디 말은 그때그때 참문하는 상대에 알맞게 혹은 상황에 알맞게 크거나 혹은 작게 내뱉곤 한다. 곧, 돌(咄 : 꾸짖다, 탄식하다), 허(嚏 : 하품하다). 이(咦 : 웃다, 놀라다), 악(噩 : 놀라다, 엄숙하다), 허(噓 : 불다, 울다), 참(參 : 간여하다, 뒤섞다), 참(嚵 : 입을 깨물다, 씹다), 할(喝 : 꾸짖다, 목매다), 흠(噭 : 나무라다), 타(唾 : 침뱉다), 가(呵 : 꾸짖다), 우(咶 : 물어뜯다, 짖다), 둔(吨 : 말 분명치 못하다, 어리석다) 등은 한마디 진언(眞言)으로 후학의 지식, 혹은 망상을 일도양단하여 무화시키는 것이다. 이것은 선장들의 간절노파심절이다. 선어(禪語)로 활용했다.

안다. 이것은 어떤 경계인가. 도가 같음으로 바야흐로 안다.

　2. 송을 설의함

　불을 알고 소를 앎은 드문 일이니, 본질을 보는 것이 바로 이러하
다. 이것은 허공으로 스스로를 삼천 가지의 차이를 앉아서 끊어낸
다. 또 범속과 성류를 통달하였으니 이런 것은 천상천하에 가득할
뿐이다. 곧 한 물건도 똑같음이 없다. 만약 헤아림을 통달한 사람이
면 한 번 봄으로 의심하지 않는다. 헤아림을 넘어서지 못한 사람이
아니면 깜깜한 사량을 면하기 어렵다 할 것이다.

월조 강해

　『금강경오가해』는 당나라 규봉 종밀의 『금강경소론찬요』와 육
조 혜능의 『금강경해의구결』, 양나라의 쌍림부대사의 『금강경재강
요』, 송나라 야보 도천의 『금강경의 착어와 송』, 송나라 예장 종경
의 『금강경제강』을 이른다. 『금강경』을 탐구한 5인의 대가들의 해
설을 한 권의 책으로 만든 것을 말한다. 조선 초기 함허 득통이 설의
한 것이다. 곧 함허를 보태어 6인의 『금강경 해제본』을 말한다.

　오가해를 살펴보면 규봉은 아상・인상・중생상・수자상, 곧 사
상四相을 벗어나고 삼공(아공我空・법공法空・구공俱空)을 체달해 성
性・상相・무애無碍의 원칙으로 논리를 바로잡고, 육조는 평이한 문
체로 선리禪理를 보편화하였으며, 부대사는 주로 경지經旨를 찬탄
했다. 또 야보는 격외적 조사선 자체의 현현顯現함을 드러내고, 종

경도 이론적 교의를 떠나 선적 체험의 반야의 이치를 드러냈다 할
수 있다.

태종15년에 만들어진『금강경오가해』는 오늘날 우리나라 불교
가 선불교로 형성되는 데 큰 바탕이 된다.

세조 때 간경도감에서 언해한 한계희 본인『금강경삼가해』는 함
허·야보·종경의 주해로만 되어 있다. 이것은 한국 불교의 선적
특징을 여실히 보여 준다. 오늘날 전하는 오가해는 함허 득통에 의
해 책으로 편집된 것이다. 함허 역시 영락 을미년(1415) 6월에 지은
오가해 서설(운홍사본)에 의하면 누구의 편집인지 모르겠다고 한 것
으로 보아 그 이전부터 전해 온 것이라 본다. 어제발御製跋에 의하면
혜각존자 신미와 홍준 등에 명하여 함허의 설의를 오가해에 넣도
록 한 것이 세조 3년(1455)이고 오늘날 유통 체제와 같이 만들어진
것은 1415년으로 본다. 또『금강경오가해』와「함허 설의」는 그의
행상기行尙記에 의하면 태종17년(1417) 그 이듬해인 일동양하一冬兩
夏에 오가해를 3회 강설했다는 기록으로 보아 이때라고 보인다.

> 과연 이 날 '영취산중의 이 일은
>
> 1,800여 년 지나 종로 낙원재에까지
>
> 진동한다' 할 것인가
>
> — 월조 착어

③ 아뇩다라삼먁삼보리阿耨多羅三藐三菩提 : 산스크리트어 'Anuttrarā-sammaKsambodhi'는 무상정등정각無相正等正覺이나 무상정편정지無相正遍正智로 한역된다.

곧 A(아阿)는 무無이고 nuttara(뇩다리耨多羅)는 상上이며, sam(삼三)은 정正이고 maK(막藐)은 평등하다의 '등等'이며, 또 sam(삼三)은 정正이고 bodhi(보리菩提)는 각覺이다. 곧 '위없고 바르며 두루한 바른 깨달음', 붓다의 깨달음을 이른다.

위의 '아뇩다라삼먁삼보리阿耨多羅三藐三菩提' 중 붓다스승의 지혜를 나타낸 말은 삼먁三藐이니 곧 정등正等, 정편正遍으로 번역되는 부분이다. 여기서 '바르면 가득 찬'의 뜻이고 바로 여래의 무한계, 무설정성을 말하며 초시간의 절대 현재의 바름正을 말하는 것이며, 바라밀다의 주체적 파악을 이르며, 이것은 반야가 바라밀다가 됨이니 무심무념無心無念으로 일초一超로 여래지如來地에 돈입頓入됨을 정각이라 한다.

대승불교의 정법

大乘正宗

스승께서 수보리에게 말씀하셨다.

"깨달음으로 가는 사람들①은 이러한 마음의 태도를 지녀야 한다. 모든 생명과 생명에 소속된 곧 알로 태어나고, 태에서 태어나고, 습기에 의해 태어나고, 변화에 의해 스스로 태어난 것들 그리고 모양 있는 것과 모양 없는 것, 생각과 생각 없음, 생각 있지도 않음과 생각 없지도 않음의 모든 것들②을 니르바나의 세계로 이끌리라. 그리하여 남김없이 건너게 하리라. 이같이 끝없는 살아있는 것들을 다 건너게 하되 진실로 어느 하나라도 건네주었다는 생각은 없다. 왜냐하면 수보리야, 깨달음으로 가는 사람은 네 가지 그릇된 견해③ 곧 자아라고 하는 생각, 살아 있는 거라는 생각, 개체라고 하는 생각, 개인이라는 생각이 있으면 깨달음으로 가는 사람이 아니기 때문이다."

佛 告須菩提. 諸菩薩①摩訶薩 應如是降伏其心, 所有一切衆生之類 若卵生 若胎生 若濕生 若化生 若有色 若無色 若有想 若無相, 若非有想 非無相,② 我皆令入無餘涅槃 而滅度之. 如是滅度 無量無數無邊衆生 實無衆生得滅度者, 何以故. 須菩提, 若菩薩 有我相人相衆生相壽者相③ 卽非菩薩.

①**보살** : 산스크리트어 보디삿트바Bodhisattva를 음역하여 보리살타菩提薩埵라 한다. 보리Bodhi는 깨달음 각覺이고 살타薩埵는 중생衆生이다. 축약하여 보살이라 하며, 의역하여 각유정覺有情, 도심중생道心衆生이라 한다. 이 말이 처음 사용된 것은 붓다의 전생 이야기인「쟈아타카jātaka」에서 스승의 전생 이름으로 나타난다. 서력 기원 전후하여 대승운동이 일어남으로 부파소승들의 자기중심적인 해탈관을 배체倍體하고 누구나 부처가 될 수 있음을 확신하여 헌신적인 대승불교 운동을 전개한다.

②**태생**胎生, **난생**卵生, **습생**濕生, **화생**化生, **유색**有色, **무색**無色, **유상**有想, **무상**無想, **비유상비무상**非有想非無想 : 모든 생명의 양태, 구류중생九類衆生이라 한다.

③**네 가지 그릇된 견해** : 곧 사상四相인 아상我相, 인상人相, 중생상衆生相, 수자상壽者相을 말한다. 다음부터는 '네 가지 그릇된 견해'로 적는다. 이 네 가지 그릇된 견해가 있으면 보살이 아니다라고 한다.

아상我相 : '나'라는 상에 집착함을 말한다. 오온五蘊의 화합에 의하여 생긴 몸과 마음에 참다운 실체가 있다고 집착하는 것과 자기가 증득한 것을 '나'라고 고집하며 남을 업신여기는 것을 말한다.

인상人相 : 나는 사람이어서 다른 중생과 다르다고 집착한다. 또 지혜에 집착하여 '나는 깨달음에 집착하지 않는다'는 상념에 사로잡혀 또 다른 집착을 하는 것과 '나는 꼭 성불을 해야 한다'는 집착까지도 버린 경지가 무상無相의 경지다.

중생상衆生相 : 중생들이 그릇된 집착. 곧 '나는 오온으로 가합된 상태' 에 집착하여 허무공관虛無空觀에 빠지는 오류를 가리킨다.

수자상壽者相 : '우리는 일정한 목숨을 받았다' 하는 숙명론적인 집착을 말한다.

예부터 수행인들이 집착하는 사상을 넘어야 할, 네 개의 사산四山 이라 했다.

육조 해의

육조께서는 이 사상四相이 있으면 곧 중생이요, 사상이 없으면 곧 부처라고 설했다. 또한 미迷하면 부처가 중생이요, 깨달으면 중생이 곧 부처인 것이다. 미한 사람은 학문과 가문과 족성이 있음을 믿고 모든 사람을 경멸하기 때문에 이름이 '아상我相'이요, 비록 인 의예지신仁義禮智信을 행하므로 스스로 믿는 바가 있어 모든 이를 공경하지 않고 말하기를, '나는 인의예지신을 행하기 때문에 나는 너 같은 이를 공경하지 않는다' 하는 것이 '인상人相'이다. 또 좋은 것은 자기에게 돌리고 나쁜 일은 남에게 미루고 베푸는 것이 '중생 상衆生相'이요, 경계를 취하고 버리는 분별하는 것이 '수자상壽者相' 이니 이것은 범부의 사상이다.

또 수행인도 사상四相이 있으니 마음에 능소가 있어 중생을 경만 하는 것이 '아상'이요. 스스로 계행을 지킴을 믿고 파계한 사람을 경만하는 것이 '인상'이며, 삼악도三惡道(지옥, 축생, 아귀)의 괴로움을 싫어하고 하늘에 나기를 원하는 것이 '중생상'이다. 그리고 오래 살기를 좋아해 부지런히 복업福業을 닦아서 그것에 대한 집착을 가지는 것을 '수자상'이라 한다.

바로 사상四相이 있으면 곧 중생이고 사상이 없으면 부처인 것이다.

월조 강해

구류중생을 모두 '남이 없는 열반無餘涅槃'[1]에 들게 하여 멸도할 것이다. 이는 보살이 스스로 무위열반에 들어 있음으로 모든 중생들이 무여열반에 든다. 그렇다 물물物物의 열반涅槃이 나와 같이 봄으로 아무런 마음을 그대로 둠이 아닌가. 스스로 멸도된 중생이 없음이니, 이미 열반에 그대로 든다. 바로 보살은 아상, 인상, 중생상, 수자상의 본래 그 이름이 사상四相임을 안다.

야보 게송

하늘에 머리를 하고 땅 위에 섰네	頂天立知
코는 곧게 서고 눈은 가로했어라	鼻直眼橫
당당한 큰 도가 혁혁하고 분분하네	堂堂大道 赫赫分明
사람마다 본래 갖추니 개개가 원만하다	人人本具 箇箇圓成

---

1 무여열반(無餘涅槃) : 불교의 이상인 열반에는 두 가지가 있다. 무여열반과 유여열반이다. 유여열반은 모든 번뇌를 끊어버리고 미래의 생사가 일어날 원인을 없이 한 자가, 아직은 몸만 남기고 있는 경우를 말한다. 무여열반은 미혹이 전혀 없는 상태로 죽어서 영원한 진리에로 되돌아가 일체가 된 것을 가리킨다. 곧 고뇌가 없는 영원한 평안을 이른다.

단지 한 생각 어긋나므로　　　　　　　　　　祗因差一念

만 가지 형상을 나타난다　　　　　　　　　　現出萬般形

함허 설의

일법계로부터 구류의 형상을 나누니 형상마다 다 일법계를 갖추었다. 각각의 머리는 하늘을 가리키고 다리는 땅을 밟는다. 각각의 코는 곧게 아래를 향해 드리우고, 눈은 위에 가로놓여 있다. 큰 도는 환히 사계에 둘러 혁혁하고 분명해서 빛이 만상을 머금었다. 사람마다 본래 갖춘 옷을 입고 밥을 먹으며 손가락을 튕기고 눈썹을 움직이는 것이 다른 사람이 하는 일이 아니다. 각각의 둥글게 이루어짐을 꺾고 돌며 엎치고 뒤치며 오그리고 펴며 기침을 하고 웃는 것이 다른 사람의 힘을 빌리지 않는다. 봄빛은 높고 낮음이 없지만 꽃의 가지는 스스로 짧고 길다. 스스로 짧고 길더라도 서로 방해하지 않으니 구류가 한 법계에 같이 살고 붉은 비단 장막 속에 진주를 흩뜨렸다. (…중략…) 하나도 참眞을 발해 본원에 돌아감이 없으니 이미 이렇게 되면 필경에는 무어라 할 것인가.

바람이 부드러워 꽃이 땅에 비단 짠 것과 같고, 구름이 맑으니 달이 하늘에 가득하다.

월조 강해

내 안에 가득한 책을 읽습니다　　　　　　　　我有一卷經

종이 위에 먹으로 쓰인 것은 아닙니다 不因紙墨成

찾아보면 한 글자 한 획도 없건만 展開無一字

늘 밝은 빛이 비쳐 나옵니다 常放大光明

―『채근담』 후7

한 스님이 방안에서 경을 읽는데, 운거雲居道膺(?~902, 동산 양개의 제자)가 창밖에서 물었다.

"그대가 읽는 것이 무슨 경인가."

"유마경입니다."

운거가 다시 묻기를

"나는 자네한테 유마경 보는 것을 묻지 않았네, 유마경을 볼 줄 아는 그것이 무엇인가 말일세."

그 스님이 말씀 끝에 바로 깨달았다.

有一僧在房內念經 師隔窓門 黎念者是甚麼經 對曰 維摩經 師曰 不問維摩經念者是甚麼經 其僧從此得入

―『경덕전등록』, 17권

모두가 있는 그대로 당당함이여! 무엇이 바르고 무엇이 어긋났는고. 본래 밤에 잠자고 새벽이면 일어난다. 그 도인을 보고 눈은 중얼거린다. 이것은 본래 도라 이르지 말라. 다 먹고 살기 위함이라. 이 사회가 인정했다. 그래도 출근길엔 지각은 절대 금물.

종경 제강

열반이 맑고 맑으니 모든 중생이 스스로 귀의하고, 사상을 다 잊어서 실로 중생의 멸도가 없다. 이렇게 깨달아 마치면 능히 생사를 초탈하지만 혹 그렇지 못하면 깨치기 전처럼 괘에 미혹하고 껍질에 체滯한다. 알아야 한다. 생사열반이 평등한 것이다. 망심이 다한 곳이 곧 보리다. (…중략…) 끝난 후 새로 깨어나 한 물건도 없어야 살고 죽는 데 서로 간섭하지 않을 것이다.

함허 설의

자비로써 모든 생을 교화하는 것은 없지 않으나 능과 소가 역연함을 어떻게 할 것인가. 지혜가 진체眞諦인 깜깜 속에 합하면 평등하므로 고하가 없다. 이같이 깨달음에 이르면 생사를 초탈한다. 그렇지 못하면 이전처럼 무명으로 미하고 유루有漏의 겉모양에 체할 것이다.

지혜만 있고 자비가 없으면 한 쪽이요, 자비만 있고 지혜가 없어도 한 쪽이 된다. 자비와 지혜가 함께 있고 출입이 자제自制해야 정문頂門에 눈을 갖추었다고 이를 것이다.

중생을 멸도하기를 다해도 본래 멸도가 없으니 중생과 부처가 다 눈 속의 꽃이다.

묘한 행위도 머무름도 없다

妙行無住

　　"수보리야, 깨달음으로 가는 사람은 매사에 머물지 말고 보시를 해야한다. 다시 말하면 '형식에 집착하지 않는 보시'를 한다. 귀로 듣고 코로 냄새 맡고 혀로 맛보고 몸으로 부딪히고 머리로 생각하는 대상에 얽매이지 않는다. 수보리야, 깨달음으로 가는 사람은 보시를 그렇게 해야 된다. 겉모양에 머물지 말라. 즉 발자취를 남기고 싶다는 생각에 집착해서는 안 된다. 왜냐. 깨달음으로 가는 사람의 **겉모양에 머물지 않는 보시**①는 그 복과 덕이 한량없다. 수보리야 너의 생각은 어떠하냐. 저 동쪽 허공의 양을 쉬이 계산할 수 있을까."

　　"계산할 수 없습니다, 스승님."

　　"수보리야 남쪽과 서쪽, 북쪽과 간방들, 위아래의 하늘, 시방의 허공을 쉬이 계산할 수 있을까."

　　"할 수 없습니다, 스승님."

　　"수보리야 깨달음으로 가는 사람의 겉모양에 집착하지 않는 보시의

復次須菩提, 菩薩於法 應無所住 行於布施, 所謂不住色布施 不住聲香味觸法布施. 須菩提 菩薩應如是布施 不住於相 何以故. 若菩薩 **不住相布施**,① 其福德不可思量. 須菩提, 於意云何 東方虛空 可思量不 不也世尊 須菩提, 南西北方 四維上下虛空 可思量不. 不也世尊. 須菩提, 菩薩無住相布施福德, 亦復如是 不可思量. 須菩提, 菩薩但應如所教住.

복과 덕도 이와 같이 계산할 수 없다.

수보리야 깨달음으로 가는 사람은 단지 이 가르침에 있어야 한다.”

육조 해의

①-1 겉모양에 머물지 않는 보시 : 육조는 ‘겉모양에 머물지 않는 보시不住相布施’를 아래와 같이 말했다.

“보살이 베풀施 때 마음에 바라는 것이 없으면 복이 시방十方의 허공과도 같아 계량할 수 없다.”보살행시菩薩行施 심무소희心無所希 기소획복其所獲福 여허공불가교량如虛空不可較量. 베풀 시布 자는 두루 보普 자와 같은 뜻이다. 능히 흉중에 망념과 습기, 습기를 두루 흩어버려, 사상四相(아상, 인상, 중생상, 수자상)이 완전히 끊기고 쌓인 것이 아무것도 없는 것. 이것이 참된 보시다.

함허 설의

①-2 부주상보시 : 지혜로 행위를 일으키면 복을 얻음이 한량없다. 보살의 모든 행위는 생각 없음으로 근본을 삼으며, 그 근본을 얻으면 보시함에 옳지 않음이 없다. 그 얻은 바 복이 광대하고 넓음이 허공과 같다.

야보 게송

예의를 알아야 한다.	可知禮也
허공의 경계를 어떻게 사랑할까	虛空境界豈思量
대도는 맑고 깊어서 이치가 다시 길다	大道淸幽理更長
다만 오호의 풍월이 있음을 얻으면	但得五湖風月在
봄이 오매 예와 같이 백화가 향기롭다	春來依舊白花香

함허 설의

머무름 없음을 머무름으로 삼으니 확연하여 허공과 같다. 비록 그래도 대도는 머무름과 머물지 않음에 속하지 않는다. 이를 바다에 비교할 것이나 저 태허보다 못하지 않다. 태허공중에는 오호의 풍월이 있으니 머무름 없는 중에는 또한 대용이 번흥繁興하는 것에 방해되지 않는다. 옛사람이 말하기를 '무심을 잡아 도라 이르지 말라. 무심도 오히려 한 관문이 막혀 있다'고 했다. 무심이 바로 무주의 뜻인 것이다. 저 속에 이르러서는 보고 듣고 깨달아 아는 것이 먼저 수용하는 가풍이며, 색色, 향香, 미味, 촉觸이 원래 유희하는 장소다.

종경 제강

애써 보시로 제도하여 진상眞常에 맞으니 복이 허공과 같아 가히 측량하지 못한다. 그늘 없는 나무 끝에 꽃이 활짝 피니 절로 좇아 캐어서 법중왕에게 바치리라.

함허 설의

머무름 없는無住 보시를 행하니 그 보시는 성공性空에 계합된다. 성과 공은 가가 없고 복 또한 끝이 없다. 머무름 없음으로 말미암아 모든 행위가 같이 침몰하므로 결과結果의 둥근 일상이 자리 잡으면 곧 머무름이 없는 행과行果에 방해가 될 수 있다. 그러나 무주로 인하여 만행이 이에 일어나 복을 얻음이 끝이 없으면 행마다 착함이 없어 복 또한 진실로 마땅한 것이다. 무엇 때문에 그런가.

나무가 있으나 원래 그림자가 없고 겁외劫外의 봄에 나서 자란다. 본래의 뿌리가 밀밀히 모래와 같은 세계에 서려 있으니 찬 가지에 그림자가 없어서 새들이 깃들지 못한다. 고향인 무주가 있어서 재배되었다 이르지 말라. 겁 밖의 춘풍에 백화百花가 난만爛漫하니 저를 좇아 법중왕에게 바칠 것이다.

진여와 이치가 같음을 여실히 보아야 한다
如理實見

"수보리야 그대 생각은 어떠한가. 여래의 몸을 통해 깨달음의 세계를 관찰할 수 있겠는가."

"할 수 없습니다. 스승님. 여래의 몸을 보고 깨달음의 세계를 관찰할 수 없습니다. 왜냐하면 여래의 몸도 영원한 것이 아니기 때문입니다."

스승은 수보리에게 말씀하셨다.

이미 만들어진	凡所有相
모든 것은 다 없어진다	皆是虛妄
생겨난 것과 없어지는 것을 함께 보라	若見諸相非相
이것이 깨달음의 세계이다[1]	卽見如來

須菩提, 於意云何, 可以身相 見如來不. 不也世尊, 不可以身相 得見如來. 何以故, 如來 所說身相 卽非身相. 不告須菩提 **凡所有相 皆是虛妄, 若見諸相非相 卽見如來.** [1]

육조 해의

색신色身은 상相이 있고, 법신은 상이 없으니, 색신은 사대가 화합해서 부모가 낳았기에 육안으로 보는 것이요, 일체 선악善惡, 곧 상相이 보이는 것이고 법신은 상이 보이지 않는 것이다. 색신은 사대四大(지地·수水·화火·풍風)가 화합된 것이다. 부모로부터 받은 눈으로 볼 수 있고, 법신은 형태가 없으며 청·황·적·백도 없으며 눈으로는 보지 못한다. 곧 혜안으로 볼 수 있다. 범부는 색신여래만을 보고 법신여래는 보지 못한다. 법신은 양이 허공과 같으므로 스승께서 수보리에게 묻기를 '신상身相으로 여래를 보는가' 하였고 수보리는 스승의 물음을 알기 때문에 '아닙니다, 스승이시여. 신상으로는 여래를 보지 못합니다'고 대답한 것이다.

곧 색신은 상이고 법신은 성이다. 일체의 선악은 법신으로 말미암아 일어나고 색신 때문에 있는 것이 아니니, 만약 법신이 악을 지으면 색신이 좋은 곳에 태어나지 못하고, 법신이 착함을 지우면 색신이 나쁜 곳에 떨어지지 않는다. 범부는 오직 색신만을 보고 법신을 보지 못하므로 무주상보시도 행하지 못하게 된다. 모든 곳에서 평등한 행위를 행하는 때에도 능히 하지 못하고 또 일체 중생을 공경하는 데에도 가히 하지 못한다. 때문에 법신을 보는 자는 충분히 무주상보시도 행하며, 널리 일체 중생을 공경하는 데에도 능숙하고 또 반야바라밀을 수행하는 데에도 능해서, 이것이야 말로 일체

중생이 한 가지 진성임을 알 수 있다. 따라서 본래청정하여 때가 없어서 항하사恒河沙의 묘용이 구족함을 믿는 것이다.

① **사구게**四句偈 : 사행시이다. 인도의 게偈, gāthā와 중국의 송頌을 합한 게송을 오늘날 선시라 하며, 일반적으로 게 혹은 송이라 하고 게송을 같이 붙여 선시라고도 한다. 실은 게는 단도직입적인 착어이고 송은 중국에서 시 형태를 갖춘 것을 이른다. 사구게는 『금강경』에서 꼭 받아 지녀야 할 가르침을 가리킨다. 위의 사구게는 『금강경』 중 가장 많이 인용되는 명구다.

함허 설의

스승께서 신상身相을 수보리에게 물으신 것은 묘하고 뚜렷한 보이지 않는 상의 본체를 밝히고자 한 것이다. 해공제일解空第一의 수보리라, 상이 보이지 않는 것을 단멸하여 없어졌다는 것은 아니다. 또 상 자체가 형상은 아니지만 본래 형상을 버린 것도 아니다. 눈앞에 법이 없어도 현실적으로 부딪침은 다 같으니, 단지 이와 같음을 알면 부처를 보는 것이다.

자성(自性)이 무자성(無自性)의 도리, 자성이 무자성임을 같이 보란다.

불 속 거미집이 있다는 말, 지금도 처마 밑 거미집을 보네

겉과 속을 같이 본다 자성과 무자성은 어디서 왔는가.

— 월조 착어

야보 게송

또 말하라 지금 행주좌와는	且道 卽今行住坐臥
이 무슨 상인가. 졸지마라	是尋麼相休瞌睡

몸이 바다 가운데 있으면서 물을 찾고	身在海中休覓水
날마다 산정을 다니며 산을 찾을 거냐	日行嶺上莫尋山
꾀꼬리 소리와 제비의 말이 다 같다	鶯吟燕語皆相似
전삼삼과 후삼삼[1]을 묻지 말라	莫問前三與後三

---

1 전삼삼 후삼삼(前三三 後三三) : 앙산의 제자 무착(無着文喜, 821~900)이 어느 날 꿈에 오대산에 가서 문수보살을 만나 하룻밤 신세를 지게 된다. 그때에 문수와 문답을 무착은 학인 지도하는 수시(垂詩)로 썼다고 전한다.

문수보살이 무착에게 물었다.
"여기 오기 전에 어디에 있었나(近離什麼處)."
"예, 남방에서 왔습니다."
"요즘, 남방의 불교는 어떻게 되어 가고 있나."
"말법의 비구는 계율을 받은 자가 조금 있습니다."
"그래, 그 계율을 받드는 자가 얼마나 되나"
"아마 300명이나 500명쯤 될는지요."
이번에는 무착이 문수보살에게 물었다.
"이곳에는 불법이 어떻습니까."
"깨달은 자도 평범한 자도, 용도 뱀도 뒤범벅이지(凡聖同居 龍蛇混雜)."
"수행자는 얼마나 됩니까(多少衆)."
문수보살이 대답했다.
"여기 셋, 저기 셋(前三三 後三三)."
　　　　　　　　　　－『벽암록』 35칙;『선문염송』 1436칙「전삼삼후삼삼」

『선문염송』에 실려 있는 게송 한 수를 읽어 보면서 슬쩍 웃어보자.

확 트인 항하사 세계가 거룩한 가람이요	廓周沙界聖伽藍
눈앞에 가득 문수와 얘기 나누었네	滿日文殊接話談
말끝에 부처가 눈 뜬지 모르고	言下不知開佛眼

함허 설의

지금 이 나의 몸이 바로 이 몸 그대로가 색신이며 늘 있는 법신이다. 찾지 말라, 색신을 떠나 달리 법신은 없다. 때문에 말하기를 '지금 행주좌와는 무슨 물건인가'. 꼭 상신법신을 보려면 모름지기 행주좌와 하는 곳을 찾아 살펴야 한다. 엉뚱한 대상을 분석하고 따라가면 마귀굴에서 생활할 계획을 획책하는 것이니, '졸지 말라'고 일할을 한 것이다.

야보 게송

산은 산 물은 물	山是山 水是水
부처 어디 계시냐	佛在甚麼處

겉모양도 구함도 모두 허망해	有相有求俱是妄
형태 없고 봄 없음도 치우친 '무'에 떨어져	無形無見墮偏枯
차고 차 당당한데 뭐 하나 물을 것 있나	堂堂密密何曾問
차거운 빛 한 줄기 태허에 빛나네	一道寒光振太虛

함허 설의

유有(있음)를 잡고 무無(없음)를 잡음이 다 사견을 이루니 유와 무

머리 돌려 괜히 푸른 산 바위만 보는구나　　　　　　廻頭只見翠山巖
　　　　　　　　—『선문염송』 1436칙 「전삼삼후삼삼」, 명초

가 둘이 아니어야 일미一味가 항상 나타난다. 만일 한편으로 불신을 무상이라 하고, 상 밖에 반드시 불신이 있다 하면 지금 보는 산이 곧 산이며 보는 물이 곧 물이니 부처가 어느 곳에 있는가.

종경 제강

삼신三身[2] 중 보신報身과 화신化身은 참眞이 아니라 허망한 인연, 즉 망연妄然이니 법신은 진眞이니 청정하여 넓고 끝이 없다. 천강千江에 물이 있으면 천강에 달이요, 만리萬里에 구름 없으니 만리에 하늘이다.

월조 강해

우리의 오늘을 온갖 물물과 두두로 감싸주는 화신化身이여! 가득한 이 속에서 우리를 믿고 끌어주는 보신報身이여! 저는 당신들을 좋아합니다. 저는 당신의 병졸입니다. 찾아도 보아도 울어도 어디에 계시는지 모르고 모를 수밖에 없는 법신法身이시여! 저는 삼신三身의 세계에서 육근六根 육경六境[3]에 의해 저를 드러내지만, 그러나

---

2 삼신(三身) : 법신(法身)・보신(報身)・화신(化身)으로 법신은 비로자나불로 영원히 변치 않는 만유의 본체이고, 보신은 아미타불로 원인에 따라서 나타나는 영구성이 있는 유형의 불이며, 화신은 존재의 불이 석가모니불 같은, 곧 보신은 보지 못한 중생을 제도하기 위해 나타난 역사적 존재의 부처를 말한다.
3 육근과 그 대상의 경계인 육경이 연유하여 생긴 육식을 모두 합하여 18계라 하며, 이것의 넘나듦이 인생만사(人生萬事)다. 계(界)는 영역, 종류, 능히 지니다(能持)의 뜻이 있으며, 안계(眼界)는 안식계(眼識界)다. 삼과(三科)는 오온, 12처, 18계를 말한다. 이를 벗어난 실상본지를 표현해서 불생불멸의 바라밀본지라 이른다 (송준영, 『선으로 읽는 반야심경』, 북인, 2010, 242쪽).

당신은 당신일 뿐인, 그렇다 해도 당신도 사랑합니다. 당신은 당신이니까요. 아니 일체가 나 당신이니까요. 큰 당신과 극미極微[4]한 나, 당신은 나를 나는 당신을, 보고 있습니다. 함허는 옛날에 없었고 월조는 오늘이 없습니다.

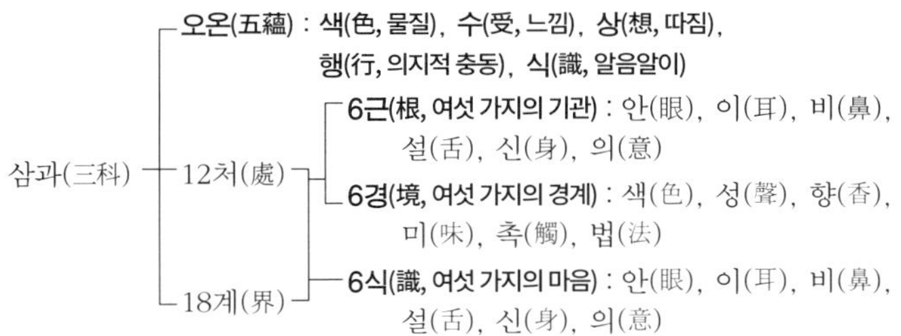

4 산스크리트어로 Paramāṇu, 인허진(隣虛塵)을 말한다. 가장 작은 미세한 것으로 원자와 같이 더 이상 분석할 수 없는 것을 뜻하며, 실제로 말할 수 없지만 짐짓 세운 존재이다. 곧 극미한 사물을 최소단위까지 분석하면 그것은 가립적(假立的)인 존재로 보며 눈에 보이지 않으나 실재한다고 인정하는 것(『유식론』 2).

말세에 바른 심신 드물다

正信希有

"스승님, 사람들이 **먼 훗날 다른 시대①**에 이 말씀을 듣고 참다운 믿음을 내게 될까요."

"그런 말 마라. 내가 가고 난 뒤 먼 훗날 다른 시대에도 계율을 지키며 지혜의 깊은 덕과 복을 수용한 사람은 이 구절에서 믿음을 낼 것이다. 한두 분의 깨달은 사람께 선근을 쌓은 것이 아니라 끝없는 깨달을 사람의 처소에서 선근을 쌓아 이 구절을 듣자마자 한 생각 깨끗한 믿음을 내게 된다. 수보리야 깨달음은 완벽한 앎이요. 완벽한 견해다. 사람들은 누구나 최상의 상태가 될 수 있다.

그러나 마음속에 형식을 남기면 '자아에 대한 집착(我相)', '살아 있는 것들에 대한 집착(人相)', '개체에 대한 집착(衆生相)', '개인에 대한 집착(壽者相)' 곧 네 가지 그릇된 견해(四相)에 집착이 된다. 진리의 형식을 남겨도 그렇고 진리 아님의 형식을 남겨도 이 '네 가지 그릇된

須菩提白佛言, 世尊, 頗有衆生 得聞如是言說章句 生實信不. 不告須菩提, 莫作是說 如來滅後 **後五百歲①** 有持戒修福者 於次章句 能生信心 於次爲實, 當知是人 不於一佛二佛三四五佛 而種善根 已於無量千萬佛所 種諸善根, 聞是章句 乃至一念 生淨信者. 須菩提, 如來悉地悉見 是諸衆生 得如是無量福德. 何以故, 是諸衆生 無復我相人相 衆生相壽者相 無法相 亦無非法相. 何以故, 是諸衆生 若心取相 卽爲着我人衆生壽者, 何以故. 若取法相 卽着我人衆生壽者 若取非法相 卽著我人衆生壽者. 是故佛應取法 佛應取非法, 以是義故 如來常說 汝等比丘 知我說法 **汝筏喩者②** 法尙應捨 何況非法.

견해'에 집착하게 된다. 진리에도 매달리지 말고 진리 아님에도 매달리지 말라. 내가 항상 그대들 수행자들에게 내 설법은 '뗏목의 비유' ②와 같다고 한 것이 바로 이 뜻이다. 지혜로운 사람은 진리도 응당 버리거늘 하물며 진리 아닌 것이리오."

① **먼 훗날 다른 시대** : 구마라집 한역에는 후오백세로 되어 있다. 『대집경大集經』의 오오백년설에 근거한 것이다. 세존께서 돌아가신 뒤 오백 년마다 한 가지씩 불법이 쇠퇴한 모습을 그린 것이다.

첫째 오백 년을 해탈이 굳어진 해탈견고解脫堅固, 다음 오백 년을 선정견고禪定堅固, 다음 오백 년을 다문견고多聞堅固, 그 다음 오백 년을 탑사견고塔寺堅固, 다음 오백 년을 투쟁견고鬪爭堅固로 나누고 있다. 『금강경』에 오백세는 선정견고의 기간으로 보는 설과 제일 뒤의 투쟁견고로 보는 설이 있다. 또 세존의 말씀을 듣고 깨달음이 있는 정법시대가 오백 년, 가르침과 수행은 있으나 깨달음이 없는 상법시대像法時代 오백 년, 말법시대 오백 년을 보는 설이 있다. 일반적으로 정법 오백 년, 상법 천 년, 말법 만 년으로 보고 있다.

② **뗏목의 비유** : 뗏목의 비유[捨筏登岸]란 『중아함경』 권54, 『증아함경』 권38

등 여러 경에 나오는 석가붓다의 말씀. 곧 뗏목으로 강을 건넌 다음 뭍에 오를 땐 아무리 긴요하게 쓰인 뗏목이라도 강안에 두지 이것을 땅으로 둘러메고 다니지 않는다는 비유의 말씀. 곧 생사윤회의 이 언덕에서 맑고 허물이 없는 저 언덕으로 가기 위해서는 많은 수행이 필요하다. 그래서 보시布施하고 지계持戒와 인욕忍辱과 정진精進, 선정禪定을 통하여 지혜智慧를 개발한다. 그러나 이런 것은 저 언덕에 이르기 위한 뗏목과 같은 것이다. 이러한 경지에 올랐을 때는 적조한 적멸의 본처에 이르렀기에 뗏목 자체가 없다. 이곳은 자유의 당처이기 때문일 것이다.

함허 설의

문답은 단지 무주와 무상의 뜻만을 밝힌 것이다. 무주상이 진실로 우리들 삶의 바깥에 있는 것이 아니며, 또 이것이 과거, 현재, 미래로 해통該通하니, 이런 까닭에 비록 말세일지라도, 빼어난 근기가 있으면 반드시 믿음을 내어 이 무주와 무상의 뜻을 진실함을 삼을 것이다.

무상은 허현虛玄한 묘도妙道요, 무주는 이 무착한 진종眞宗이다.

조주趙州從諗(778~897)가 말하기를 '금불은 화롯불을 건너지 못하고 목불은 불을 건너지 못하며 니불은 물을 건너지 못하지만 진불은 안에 앉아 계신다' 하였으니, 진불이 어찌 최고의 상인이 아니며 삼불이 어찌 삼신이 아닌가. 임제가 이르기를 '정묘국토 중에 들어가서는 정묘의 옷을 입고 법신불을 설하며, 무차별 국토 중에 들어가서는 무차별의 옷을 입고 보신불을 설하며, 해탈국토 중에 들어가서는 해탈의 옷을 입고 화신불을 설할 것이다'라고 했다.

대혜大慧宗杲(1089~1163)가 이르기를 '임제노한을 알기를 바라는가. 법신 보신 화신이여, 돌咄! 망망魍魍 요정이구나. 삼안국三眼國(진제안眞諦眼, 속제안俗諦眼, 중도승의제안中道勝義諦眼) 중에 만나면 곧 향상은 실實, 본질이라면 삼신三身(법신, 보신, 화신)의 권權(저울, 권, 세력)임이 분명하다. 경에서는 법으로 나타나니, 수행인신으로 실을 법으로 삼는다. 법신이 실實이면 곧 보신과 화신이 나타나면 무의진인을 큰 소리로 비웃는다笑殺. 권도 실도 아님이 분명하다.

모든 부처가 증득한 것이 다만 이 법을 증득하였으며, 이 사람이 믿는 것도 바로 법을 믿는 것이니, 믿음은 전생의 훈습으로 말미암은 것이다. 인은 없는 것이 아니며, 믿으면 반드시 증득함이 있다. 마땅히 양족兩足(불이)을 이룰 것이다.

아집과 법집이 때垢가 다하니 둥글고 밝은 본체가 드러난다. 일진법계는 시도 없고 비도 없어서 없다 함도 또한 없으니, 때문에 말하기를 '어찌 한 법 가운데에 법이 있으며 불법이 있을 것인가' 한 것이다.

야보 게송

금은 붉은 풀무를 건너지 못하고	金佛不度爐
목불은 불을 건너지 못하고	木佛不度火
니불은 물을 건너지 못하네	泥佛不度水

셋 부처의 형의가 다 진실치 않으니 　　　　三佛形儀總不眞

눈 가운데 동자가 면전에 사람이다 　　　　眼中瞳子面前人

만약 능히 집의 보배를 믿어 얻으면 　　　　若能信得家中寶

우는 새와 산꽃이 한 모양 봄이구나 　　　　啼鳥山花一樣春

함허 설의

　삼불이 본래 파괴가 되니 그들은 본래의 자리로 돌아간다. 그런 까닭에 삼신도 돌아보면 참됨이 아니다. 그럼 이렇게 예를 듦은 무슨 이유인가. 법신은 견고하므로 부동이고 보신은 위로는 깜깜이 고冥合 아래로 응화하며, 화신은 근기의 타당함을 굽어 좇는 것이다. 금은 고체라서 견고하지만 부드럽지 않고, 나무는 유하지만 강하고 진흙은 유하기만 하고 강하지 않으니 삼불도 삼신을 배대하여 이해를 시키고 있다. 따라서 삼구三句는 다 진실하지 않으니 결국 진실한 것은 게송 처음 밖 일구로 실을 삼은 것이다. 따라서 눈앞의 금불, 목불, 니불은 모두 보화報化 중에 나온 것이다. 풀무를 지나지 못하고 불을 지나지 못하며 둘을 지나지 못한다는 것은 보신과 화신은 진실이 아님을 밝힌 것이다. 보이지 않는 보임은 무엇이라 할 것인가. 법신인 실상을 말한다 할 것이다.

얻을 것도 설할 것도 없다

無得無說

"수보리야, 너의 생각은 어떤가. 내가 깨달음을 얻었다고 생각하는가. 내가 그것을 말했다고 여기는가."

수보리가 대답했다.

"제가 알기로는 깨달음이라는 고정된 진리는 있을 수 없으며 스승님이 말씀하신 고정된 진리도 있을 수 없습니다. 왜냐하면 스승님의 체험과 말씀과 사유법은 모두 잡을 수도 없고 말할 수도 없고 진리도 아니고 진리 아닌 것도 아닙니다. 왜냐하면 성인들은 함이 없는 절대의 진리 가운데 나타나 있기 때문입니다."①

須菩提 於意云何, 如來得阿耨多羅三藐三菩提耶 如來有所說法耶. 須菩提言, 如我解佛所說義 無有定法名阿耨多羅三藐三菩提 亦無有定法如來可說, 何以故, 如來所說法 皆不可取不可說 非法非非法, 所以者何 **一切賢聖 皆以無爲法 而有差別**.①

함허 설의

진여와 불성과 열반으로부터 육도,[1] 사제,[2] 십이연기[3] 등 일체의 이름과 말씀에 이르기까지 이 근기[4]에 대하여 부득이 시설施設한 것이니 실지에 나가 관찰해 보면 당초에 이러한 일이 없는 것이다.

부처의 설한 바 법은 만일 상이 있다고 설하거나 상이 없다고 설함에 취하지 않으며 설하지도 않는 것이다.

일체 성현의 증득하신 법이 다 하염이 없음으로써 차별이 있으니 이 차별 없음이 무위다. 일미의 무위법이 성문에 있으면 사성제고 연각에 있으면 인연이며 보살에 있으면 육도니 육도·인연·사제가 낱낱이 무취며 불가설이다.

월조 강해

위의 분에서 '얻을 것도 설할 것도 없다第七 無得無說分'가 저자에게 다가온 것은 『금강경』을 보는 저울이 되었고 '깜깜이' 속을 가

---

1 육도(六度) : 학인이 닦는 여섯 가지 수행, 곧 포시(布施), 지계(持戒), 인욕(忍辱), 청진(淸進), 선정(禪定), 지혜(智慧)를 말함.
2 사제(四諦) : 고(苦)·집(集)·멸(滅)·도(道). 곧 고는 괴로움, 집은 고의 원인, 멸은 고를 없앤 상태, 도는 고를 없애는 팔정드를 말한다. 세존이 초전법륜 때 대중들에게 설함.
3 십이연기(十二緣起) : 연기법은 2연기, 4연기 내지 12연기설로 발달되었다. 삶의 양태는 연기에 의해 발생함과 연기에 의해 사라짐을 설한다. 괴로움이 생겨나고 어떻게 하면 괴로움이 소멸하는가를 밝힌 열두 과정이다.
4 근기(根機) : 스승의 법을 받고 닦아 깨침에 이르는 근본적인 능력.

늠하게 된 현금의 '이것이다'였기 때문이다. 『금강경』에서 주수사법으로 나타나는 '불설 반야바라밀 즉비 반야바리밀 시명반야바라밀'로 대표되는 금강경적 적기수사법賊機修辭法을 있게 하는 근본 설법이기 때문이다. ①의 경구 'A는 A가 아니라 이 이름이 A다' 하는 'A'는 Ā(없는 A)이 이름이 A＝Ā다로 온전히 있음을 말한다. 이것이 선시의 수사법인 적기수사법의 근본이 되었기 때문이다. 스승들의 상당법문이나 화두나 선시에서 많이 나타나고 있는데, 적기賊機란 '몰록 우리가 우리를 지탱하고 있는 알음알이의 버릇識(지식)을 찰나에 빼앗긴 '텅 빈 나와의 만남'이 적기의 말씀이다. 이것은 우리를 초발심에 들게 한다. 저자는 선의 적기수사법을 말했고, 적기수사법 하위 단위로 선시의 반상합도反常合道, 선시의 초월은유超越隱喩, 선시의 무한실상無限實相을 명명했다(송준영, 『禪, 언어로 읽다』, 소명출판, 2010, 45~58쪽 참조).

위 ①에서 '옛 사람이 안 진리는 다 하염없음으로써 차별이 이네 / 이 차별 일어남이 함이 없음이야'라고 노래함은 '성인과 현자는 작위를 기르지 않고, 곧 한마음을 내지 않고 두두물물을 대함으로 이미 차별지어진 그 상태로 나타난 그대로 보기 때문일 것이다'로 읽힌다.

산스크리트어의 절대prabhāvita란 말은 여러 다의적인 말이라서 의미를 포착하기 어려운 말이다. 에드워드 콘즈Conze는 "becouse an Abso-lute exalts the Holy Persons", 곧 '왜냐하면 절대한 것은 성자들을 높이기 때문에'로 영역했다. 콘즈가 한 이 번역은 발레저Walleser의 독어역문 "durchdas Nichtgewirkte ausegezeic hnetsind namlich die Edlen

(왜냐하면 귀인들은 만들어진 것이 아닌 것에 의해서 특징지어지고 있기 때문이다)”과 매우 흡사하다. 곧 ‘성자들은 단순한 현상적 존재로부터 높이 올라가 무한정한 절대자의 지위에 이르러 그 자체로서 자라고 있기 때문이다’라는 의미로 읽힌다. 구마라집의 한역은 “一切賢聖 皆以無爲法 而有差別”이라 했고, 진제의 한역은 “一切聖人 皆以無爲眞如 所顯現故”라 했다. 보리유지, 현장, 의정의 한역들도 모두 비슷한 의미로 읽힌다.

무위법無爲法을 원어로 환원시키면 ‘asamskrta-dharma(만들어진 것으로 있지 않은 존재)’의 뜻이다. 곧 나타나 있는 존재有爲法, Samskrta-dharma가 아니라, 현상의 배후에 있는 ‘절대적인 것’, ‘무한정의 것’, 존재의 근원으로서의 무규정한 것을 가리킨다. ‘무위’는 부파불교의 교학으로서는 존재法로서 생각되었던 것으로서 ‘무위법’이라 번역된다.

— 이기영, 『금강경・반야경』, 양현각, 1983, 281쪽 참조

‘일체현성 개이무위법 이유차별一切賢聖 皆以無爲法 而有差別’의 무위법은 ‘만들어짐으로 있지 않은 것을 말한다. 유위법, 곧 현상으로서 나타나 있는 존재가 아니라 현상의 배후에 있는 ‘절대적인 것’, ‘한정함이 없는 것’, ‘존재의 근원자체로 규정한 것’을 가리킨다. 콘즈는, “the Unconditioned”라 영역하였다.

이기영의 산스크리트어 번역본에서는 ①의 번역은 “그것은 왜냐하면, 성자들은 절대 그것에 의해서 나타나져 있기 때문이다”로 번역되어 있다.

야보 게송

차면 곧 차다 말하고, 더우면 덥다 말한다　　　　　還即言還 熱即言熱

구름은 남산에 일어나고 비는 북산에 오니　　　　　雲起南山雨北山

나귀라 하고 말이라 이름함이 얼마나 많았던가　　　驢名馬字幾多般

청하노니 호묘浩渺한 무정수無情水를 보라　　　　　請看浩渺無情水

몇 곳이 모났으며 몇 곳이 뚜렷하냐　　　　　　　　幾處隨方幾處圓

함허 설의

이승[5]이 있기에 이승을 설하고 대승이 있기에 대승을 설한다. 물건과 상황에 응하여 권도[6]를 행해 고정된 법인 정법定法이 없게 된다. 인연 따라 이치를 세워 덥힌 망상을 해탈한다. 처음에는 진리와 인연을 설하더니 다시 말한다. 근기가 같지 않으므로 법 또한 고정되어 있지 않다. 이로부터 천만가지의 이름이 나누어 나타난다. 무념지로 여려 기틀機에 응하니 반과 가득함, 조각과 둥긂 등의 많고 작은 말이 있다. 다소多少의 말이여! 일찍이 한 글자도 말에 그르지 않음이 없다.

법은 비록 일미一味지만 보는 데는 천차千差가 있다. 그런 까닭에 천차가 단지 일념에 있으니 일념 차이에 천지가 현격懸隔함과 같다. 그러나 천지는 일통一統이니 곧 금으로 금 그릇을 만듦에 그릇

5　이승(二乘) : 대승과 소승, 성문과 연각, 성문승과 보살승.
6　권도(權道) : 목적을 달성하기 위해 정해 놓은 방편.

이 다 금이다. 향나무를 만 조각으로 나눔에 조각조각 다 향의 이치와 같다.

일미의 무위법이 능히 정正이요 능能 또한 사邪다. 일종이 남북으로 나뉘니 남북이 일반의 꽃이다.

야보 게송

이 무엇인가	是尋麼

이렇게 해도 얻지 못하고	恁麼也不得
저렇게 해도 얻지 못하니	不恁麼産不得
높게 트인 한 태허공에는	廓落太虛空
새가 날지만 그림자와 자취가 없다	鳥飛無影跡
돌	咄
기계바퀴를 옮겨 문득 거꾸로 돌려야만	撥轉機輪却倒廻
남북동서에 마음대로 왕래한다	東西恁往來

종경 제강

얻었다 해도 또한 틀렸고 말씀이라 해도 틀렸으니 능인(부처)이 슬기를 돌림이 번개다. 취한다 해도 가하지 않음이요 버린다 해도 불가하니 수보리의 혀 위의 말재주다. 또 일러라 무위법은 무엇 때문에 차별이 있는가. 만고의 푸른 못의 공계公界의 달을 재삼 건져 냄이요, 보아야 비로소 알 것이다.

가을하늘에 구름 걷히고 달이 못에 인장이 찍히니, 누구와 함께 말하랴. 땅에 사무치고 하늘에 통하는 눈을 환히 여니 대도가 분명해 그대로 '나'이다.

함허 설의

신묘한 근기여! 번개가 능히 비친다 해도 불가능하고, 설사 취해도 불가취不可取며 버려도 불가사不可捨라 하니 아는 이는 알 뿐이다. 그럼 저 무위법은 무엇 때문에 차별이 있는가. 그대가 무위법을 알고자 하면 천차만별 하는 이속을 떠나서는 아니 된다.

저 공중 달로 못에 찍히지 않았으면 어찌 시퍼런 빛이 넓고 무변하다 이를 것인가. 하늘에 비치고 땅에 비쳐 만상을 포함하니 무궁한 이 맛을 누구와 함께 맛보랴. 단지 저 정문頂門에 눈을 갖추지 않으면 다시 어디에서 현묘한 종지宗旨를 찾을 것인가.

야보 게송

티끌만한 차가 있어도 천지의 차이다.	毫釐有差 天地懸隔
정인이 사법을 설하면	正人說邪法
사법이 다 정으로 돌아가고	邪法說歸正
사인이 정법을 설하면	邪人說正法
정법이 다 사로 돌아간다.	正法悉歸私
강북에는 탱자 강남에는 유자가 되니	江北成枳江南柚

봄이 오면 다 일반의 꽃이 핀다.　　　　　　　春來都放一般化

월조 강해

　'호리유차 천지현격'은 삼조승찬三祖僧璨 선사의 『신심명信心銘』 앞부분을 차용한 것이다. 티끌만한 차이라도 거리가 멀어질수록 세월이 갈수록 벌어지기 마련이다. 삶은 이런 길고도 짧은 여정을 걷는다. 맨 앞은 맨 뒤와 붙어 있고 늘 떨어지는 것을 본다. 선가에 서는 '기쁜 일이든 슬픈 일이든 아무 일도 일어나지 않음만 못하다' 하는 말씀이 전가의 보도寶刀이듯이 내려오고 있다. 스쳐 지나는 말 씀은 꼭 스쳐 지난다.

모든 것이 진리로부터 나온다

依法出生

"수보리여 그대 생각은 어떤가. 우주가 가득 차게① 보석을 나누어 준다면 이 사람의 공덕이 많지 않겠는가."

수보리가 대답했다.

"매우 많습니다."

부처님의 말씀.

"사람들이 이 경을 읽거나 **중요한 뜻**②을 이웃에 전한다면 그 **복덕**③은 그보다 더 뛰어나다. 왜냐하면 다른 부처님들의 깨달음도 모두 이 경에서 나왔기 때문이다. 수보리야, 실제로 부처의 법이라고 말할 수 있는 것은 없다. 단지 **부처의 법이라고 하는 이름**이 있을 뿐이다."④

須菩提 於意云何, 若人萬**三千大千世界**①七寶以用布施 是人所得福德寧爲多不. 須菩提言, 甚多世尊 何以故 是福德卽非福德性 是故如來說福德多 若復有人 **於次經中 受持乃至四句偈等**②爲他人說, **其福勝彼**. ③ 何以故 須菩提 一切諸佛及諸佛阿耨多羅三藐三菩提法 皆從此經出. 須菩提, **所爲佛法者 卽非佛法**. ④

① **우주에 가득 차게**(삼천대천세계三千大千世界) : 수미산을 중심으로 사주四洲가 있고 이 밖으로 대철위산이 싸여 있고, 이것을 일사천하一四天下라 한다. 이것이 일세계이고 이 세계를 천千을 합한 것이 소천세계小千世界이며, 소천세계에 다시 천을 합한 것이 중천세계中千世界, 중천세계에 또 천을 합한 것이 대천세계大千世界로 이를 모두 삼천대천세계라 한다. 이것이 불교적인 우주관이다.

② **중요한 뜻** : '중요한 뜻'을 구마라집은 사구게四句偈로 한역하였다. 『금강경』 가운데는 여러 가지의 사구로 된 게송이 있는데, 그중 명구로 된 사행시는 다음과 같다.

무릇 상이 있는 것은	凡所有相
모두 허망한 것이니	皆是虛妄
만약 모든 상이 상 아님을 보면	若見諸相非相
곧 여래를 봄이다	卽見如來

— 제5분 「如來實見」

마땅히 형상에 머물지 말고 마음을 낼 것이며	不應住色生心
마땅히 소리 냄새 맛과 부딪힘과 어떤 법에 머물지 말고	
마음을 낼 것이니	不應住聲香味觸法生心
마땅히 머무른 바 없이	應無所住

마음이 난다 而生其心

─ 제10분 「莊嚴淨土」

만약 색으로 나를 보거나 若以色見我

음성으로 나를 구하면 以音聲求我

이 사람은 삿된 길을 감이니 是人行邪道

여래를 볼 수 없다 不能見如來

─ 제26분 「法身非相」

일체 함이 있는 법은 一切有爲法

헛된 꿈과 같고 포말의 그림자와 같고 如夢幻泡影

이슬과 같고 우레와 같으니 如露亦如電

마땅히 이와 같이 관觀하여야 한다 應作如是觀

─ 제32분 「應化非眞」

③ '복덕이 더 뛰어나다' 함은 육조는 '반야의 지혜'에 의지하여 수행해 자성으로 하여금 모든 있음에 떨어지지 않게 하면 이 이름이 복덕이라 했다. 곧 마음에 객관과 주관이 사라짐의 이름이 복덕성이고 부처의 가르침에 의해 부처의 행을 하면 이 이름이 복덕이다.

　야보는 『금강경오가해』 「야보송」에서 '일은 무심에서 얻는다. 말하라, 이 경은 어디서 왔는가. 수미산정須彌山頂이며 대해大海의 파심波心이다'라 착어하였다. 『금강경오가해』를 설의한 함허는 '수미산정과 대해의

파심'을 사람들은 아들이 있는 것을 알지 못하며, 비록 아버지 있음은 알아도 또한 할아비 계심은 알지 못하니 곧 수미산정과 대해의 파심은 할아버지 면목이다. '수미산행은 형상과 이름이 이르지 못하고, 대해의 파심은 의연하여 중생천하의 마음이다'라 착어했다.

④ 구마라집의 한역 "소위 불법이란 것은 곧 불법이 아니다所爲佛法者 即非佛法"이며, 현장 삼장 한역은 '모든 부처님들의 법이라고 할 때의 모든 부처님들의 법은 여래가 모든 부처님들의 법이 아니다라고 말한다. 그러므로 여래가 모든 부처님들의 법이라고 하는 모든 부처님들의 법을 말로 했을 뿐이다'라고 옮기고 있다.

웬 칼. 살인검. 활인검.

그래 출근 전 수염을 잘라주는 면도도,

스스로 칼질하는 칼도 있음을 알라.

그뿐이다.

— 월조 게송, 「칼을 칼이라 하면」

모든 것이 진리로부터 나온다
一相無相

"수보리여, 그대 생각은 어떤가. **수다원**①은 내가 수다원과를 얻었다고 생각하지 않겠는가."

수보리의 대답.

"그렇지 않습니다, 스승님. 왜냐하면 수다원은 성스런 흐름에 발을 들여 놓았지만 발을 들여 놓았다는 생각이 없습니다. 감각이나 인식에도 발을 들여놓았다는 생각이 없기 때문에 수다원이라고 말합니다."

"수보리여, **사다함**②은 사다함과를 얻었다고 생각하지 않겠는가."

"그렇지 않습니다, 스승님. 왜냐하면 사다함은 한 번 갔다 오는 것이지만 가고 온다는 생각이 없습니다. 그것이 바로 사다함입니다."

"수보리여, **아나함**③은 아나함과를 얻었다고 생각하지 않겠는가."

"그렇지 않습니다, 스승님. 왜냐하면 아나함은 생각이 없습니다.

須菩提 於意云何, **須陀洹**①能作是念 我得須陀洹果不. 須菩提言, 不也世尊 何以故 須陀洹名爲入流 而無所入, 不入色聲香味觸法 是名須陀洹. 須菩提 於意云何, **斯陀含**②能作是念 我得斯陀含果不. 須菩提言, 不也世尊 何以故 斯陀含名一往來, 而實無往來 是名斯陀含. 須菩提 於意云何, **阿那含**③能作是念 我得阿那含果不. 須菩提言, 不也世尊 何以故阿那含名爲不來 而實無不來 是故名阿那含. 須菩提, 於意云何 **阿羅漢**④能作是念 我得阿羅含道不. 須菩提言, 不也世尊 何以故 實無有法名阿羅漢. 世尊, 若阿羅漢 作是念 我得阿羅漢道, 卽爲着我人衆生壽者. 世尊, 佛說我得無諍三昧人中 最爲第一, 是諸一離欲阿羅漢, 我不作是念 我是離欲阿羅漢. 世尊, 我若作是念 我得阿羅漢道, 世尊 卽不說須菩提是樂阿蘭那行者, 以須菩提實無所行 而名須菩提是樂阿蘭那行.

그것이 바로 아나함입니다."

"수보리여, 아라한④은 아라한과를 얻었다고 생각하지 않겠는가."

"그렇지 않습니다, 스승님. 실제로 아라한이라는 고정된 실체가 없습니다. 스승님 정말 아라한이 나는 아라한의 도를 얻었다 하면 곧 네 가지 그릇된 견해에 집착하는 것입니다. 스승님께서는 제가 갈등 없는 삼매를 얻어 대중에서 최고이며 욕심을 떠난 첫 번째 아라한이라고 말씀하셨습니다. 그렇지만 저 자신 욕심을 떠난 아라한이라고 생각하지 않습니다. 스승님 제가 만약 나는 아라한의 도를 얻었다고 말한다면 스승님께서도 수보리는 갈등 없는 행동을 즐겨한다라고 말씀하시겠지요. 그러나 제가 실제로 행해야 할 어떤 정해진 것이 없기 때문에 수보리는 갈등 없는 행동을 즐긴다고 하시는 것입니다."

보유補遺

위의 사과四果의 사상四相이 있지만 본래 공하여 한 법, 한 생각도 그 이름이 헛된 것일 뿐. 일상의 진상眞相도 일성인 진성眞性도 공적空寂하여 본래 상이 없는 까닭에 '일상무상一相無相'일 뿐이다.

여기에서 붓다의 설법은 '네 가지 단계'로 시설되고 있다. 곧 진리의 완성의 4단계는

① 수다원須陀洹 : 산스크리트어 'srota-āpanna'의 음역. 입류入流로 의역된다.

성스러운 흐름에 발을 들여놓았으므로 생사의 물살을 거슬러 올라갈 힘을 갖는다. 불퇴전의 길에 들어섰기에 잘못된 견해에 빠지지 않고 언젠가 깨달음을 얻는 단계다.

② **사다함**斯陀含 : 산스크리트어 'sakrḍāgāmin'의 음역. 일래一來로 의역된다. 원어를 직역하면 '한 번 오는 자'가 된다. 탐욕, 성냄, 어리석음의 삼독이 없어져 욕망의 결박이 끊어진 상태, 망설임이 있지만 본래 자리로 회복된다. 한 번의 왕래가 있음은 다시 한 번 윤회를 해야 깨달음을 얻을 수 있다. 이 과果를 일왕래과一往來果라 한다.

③ **아나함**阿羅含 : 산스크리트어 'anāgāmin'의 음역. '불환不還', '불래不來'로 의역된다. 번역하면 '결코 돌아오지 않는 자'란 뜻이다. 욕계의 번뇌를 모두 끊은 자로 욕망을 완전 벗어나 윤회의 길에 있지 않는다. 밖의 경계에 흔들리지 않고 늘 삼매에 머문다. 전도된 견해에서 완전 벗어난다.

④ **아라한**阿羅漢 : 산스크리트어 'arhat'의 음역. '존경받을 만한 사람' 곧 응공應供에 해당한다. 주관과 객관이 무너져 갈등이 없고 아무런 번뇌가 없다. 무심의 상태, 고정된 법이 없고, 무소득의 소득을 행하며 따라서 즐거움도 괴로움도 없는 사람이다. 한역하면 '무쟁無諍'이 된다.

웬, 일인가. 웬, 일인가. 언제 우리가
우리의 단계를 짊어지고 있단 말인가.

낮 밤은 왜, 울어울어 쌓는가.

듣고 있는 햇살 내리는 소리도

소리로 우리가 되는가.

비란 비는 주룩주룩, 이게 왜, 비인가.

— 월조 게송, 「우리」

함허 설의

일체의 불법佛法이 모두 이 경으로 좇아 나고, 일체 현성이 다 무위법無爲法으로 차별이 있다. 불법이 돋법이 아니라 하면 차별 성과 聖果인들 또한 어찌 실實함이 있을 것인가. 이러기 때문에 저 불佛과 법法과 승보僧寶가 마침내는 저절로 깊숙이 한 슬기에 합한다.

안으로 보고 듣는 데에 부림을 입지도 않고 밖으로 소리와 빛에 오염함을 입지 아니해서 내외가 청정해 허허하고 한가로우면, 이 이름이 무쟁無諍이고 또한 이욕離欲이다.

제10분

있는 그대로 '이것'이다

莊嚴淨土

스승께서 말씀하셨다.

"그대 생각은 어떤가. 내가 옛날 연등부처님①을 모시고 살 때, 법을 얻은 것이 있느냐."

"아닙니다, 스승님. 세존께서 연등부처님을 모시고 살 때 진실로 법을 얻은 것이 없습니다."②

"수보리여, 어째서 그런가, 깨달음을 향해 가는 사람이 불국토를 장엄하지 않는가."

"아닙니다 스승님. 왜냐하면 불국토 장엄은 곧 장엄 아닌 장엄을 말합니다."

"그렇다 수보리여, 깨달음을 향해 가는 모든 사람들이 이 같은 본래 마음씨라야 한다. 현상을 잘 파악하는 마음가짐, 감각과 이성을 잘 다스리는 마음가짐이라야 한다. '어떤 집착도 없는 마음가짐③이다.' 수보리여, 몸이 히말라야만큼 크다면 몸이 크다라고 할 수 있겠는가."

佛告須菩提, 於意云何 如來昔在**燃燈佛**①所 於法 有所得不. 不也世尊, 如來在燃燈佛所 **於法實無所得.**② 須菩提 於意云何, 菩薩莊嚴佛土不. 不也世尊, 何以故 莊嚴佛土者卽非 莊嚴 是名莊嚴. 是故須菩提, 諸菩薩摩訶薩 應如是生清淨心, 不應住色生心 不應住聲 香味觸法生心, **應無所住 而生其心.**③ 須菩提, 譬如有人 身如須彌山往, 於意云何 是身爲 大不. 須菩提言, 甚大**世尊**④ 何以故 佛說非身 是名大身.

"매우 큽니다. 세존④이여. 왜냐하면 부처님께서 말씀하신 몸 아닌 몸이 바로 큰 몸이기 때문입니다."

보유補遺

①**연등불**燃燈佛 : 석가모니불佛 이전에 나타난 24불 중 한 부처로서 석가가 보살도를 닦을 때, 뒷날 불佛이 될 것이라는 수기를 준 부처이다. 『증일아함경增一阿含經』[1] 제11 · 13 · 40이나 『대지도론』 권4 등에 나온다.

②**법을 얻은 것이 없습니다**於法實無所得 : 스승께서 연등불燃燈佛을 모시고 살 때, 연등불로부터 깨달을 것이라는 수기를 받았는데, 이 때 내가 연등불에게 법을 얻은 것이 있느냐고 수보리에게 묻는다. 수보리가 그때 스승께서는 '전혀 법을 얻은 적이 없습니다'고 이른다. 그것은 깨달음을 수기받았다 받지 않았다 하는, 불국토 장엄은 장엄일 뿐, 본래 마음씨 자체가 불佛임을 말씀한다. 곧 스승 석가는 이미 완성자임을 안 연등불의 수기일 뿐이다.

부처, 그는 옛날에 얻은 것이 없을 뿐 아니라 이제도 얻은 것이 본래 없다.

---

1 『증일아함경(增一阿含經)』: 석가모니 49년 동안 말씀 중, 처음 근본경전을 12년 간 설하였는데, 이것을 아함시라 하고 이때 결집된 경전을 『아함경』이라 한다. 북방으로 전해진 아함 4경전에 속한다. 곧 『장아함경』, 『중아함경』, 『잡아함경』, 『증일아함경』이다. 아함은 'Āgama'의 음사이며 '도리한 것', '전래해 온 것'이라는 의미다.

괜한 사람들은 시간과 공간을 들여 삶에 보태었을 뿐이다. 따라서 예전도 오늘이고 이제도 이제를 나눈 것이 아닌가 하늘이고

그대로 땅, 아닌가.

— 월조 착어

야보 게송

예古이며 동시에 이제今다.   古之今之

한 손으로 하늘, 한 손으로 땅을 가리키니   一手指天 一手指地
남북동서에 가을 터럭도 보지 못했다   南北東西 秋毫不視
나면서부터 담력과 마음이 크기가 하늘 같으니   生來心膽大如天
무한한 마의 무리가 붉은 깃대幡를 거꾸러뜨린다   無限群魔倒赤幡

함허 설의

부처 탄생은 오직 스스로 그러함이니 오늘도 이와 같다. 지천이고 지지임을 그대는 아는가 모르는가. 남북동서가 한 부처일 뿐이다. 한 석가불을 누가 농락할 것인가. 담膽과 마음이 하늘 같아서 한 입으로 모든 부처와 조사를 다 삼킨다. 이러할진대 마군과 외도가 어찌 항복하지 않을 것인가.

③ **어떠한 집착도 없는 마음가짐**應無所住 而生其心 : 구마라집은 이 대목을 '응무소주 이생기심應無所住 而生其心'으로 한역하였다. 일자무식꾼 나무장수 노능

(육조 혜능)도 여기서 마음이 열린다. 진실로 어떠한 형식이나 관습에도 얽매이지 않는 마음가짐, 이것은 생명의 근원이요 자유의 근원이요 마음의 근원이 아닌가. 그곳은 원래 청정이고 무갈애無渴愛 무갈등無葛藤의 세계이니 태양이다. 한없이 주기만 하는 자기 것이 없는 그런 곳이 아닌가.

'마땅히 머무름이 없이 마음이 난다應無所住 而生其心'에서 유의해야 한다. '응應'은 '마땅히 알라'란 의기로 한역되었는데,『금강경』제4분「묘행무주」의 육조 해의에서 "응應이란 순순順이다"라고 풀었다. 또 '그 마음이 난다'에 대체로 생生을 '낸다'나 '난다'로 쓰고 있는데, 태양과 같이 자발광하는 마음에서 솟는, 저절로 나기 때문에 '난다'로 본다. 육조는 이 대목에 한 말씀도 없다. 그러나 야보는 낮고 조용한 큰 울림으로 게송 한 수를 적는다.
야보는 이 대목에서 목성을 한껏 낮춘다.

야보 게송

뒤로 물러나고 물러나라	退後退後
보고 또 보아라.	看看
쓸모없는 돌이 움직인다.	頑石動也

산당의 고요한 밤 말없이 앉으니	山堂靜夜坐無言
적적 요요해 본래 자연 그대로다	寂寂了了本自然
무슨 일로 서풍은 임야를 흔드는가	何事西風動林夜

한 소리 찬 기러기 긴 하늘에 우네　　　　　　　一聲寒鴈泣長天

함허 설의

밝은 가운데 자취를 머무르지 말고 외로 어두운 가운데를 향하여 돌아갈 일이다. 보고 보고 다시 보아라. 움직이지 않는 것이 지금 움직이니, 움직이는 것이 움직이지 않아야 비로소 얻는 것이다.

본래 스스로 움직이지 않으니 어찌 움직임을 필히 구할 것인가. 오로지 믿게끔 말해 보라. 사해에 파도가 고요하여 용이 평온히 잠자고, 하늘에 구름이 없어 학이 높이 난다.

야보 게송

비록 있다고 해도 어느 곳에 놓아둘 것인가.　　　　設有香甚麽處着

수미산을 가져 '덧 없는 몸幻軀' 짓고자 하니　　　擬把須彌作幻軀
그대 담이 크고 다시 마음이 큼을 알겠네　　　　饒君膽對更心麤
눈앞에 천 가지의 있음을 가리켜 내더라도　　　　目前指出千般行
나는 그중에 도는 하나도 없다고 말할 것이네　　　我道其中一也無
문득 저 속으로 들어갈 것이다.　　　　　　　　便從這裏入

함허 설의

토끼 뿔 같은 것에 힘입는 것이다. 비록 있다 하나 어느 곳에 둘 것인가. 큰 불 속에는 물건을 머물게 하기 어렵다. 대신大身이 비신

非身이라 설하니 마음과 담이 크고 크다. 비신이라 하니 다행이다. 비록 이 몸이라 해도 나는 거북의 털[2]이 눈앞에 가득하다 하겠노라. 엎드려 청하니 모든 사람들은 꼭 저 비신 속으로 들어갈 것이다.

종경 제강

석가여래께서 연등불로부터 붓다를 이었다지만, 가히 얻은 법이 없고, 보살이 불국토를 장엄莊嚴하였다 하나, 꼭 머무른 바 없으니, 모든 망상이 녹아서 없어지고 망상이 없어지면 참眞이 청정해진다. 그렇다. 정법 가운데 얻은 것이 없는데 열반 마음 밖으로 쓸데없이 장엄함이여!

함허 설의

장엄한 곳은 무슨 땅이며 장엄한 이는 누구인가. 능히 있는 곳이 없으니 마음 역시 머무름이 없다. 마음이 이미 머무름이 없으면 모든 망상이 녹아서 없어지고 망상이 없어지면 마음이 맑아진다. 이는 정법안正法眼을 갖추니 바로 종요宗要다. 정법안이란 정법이 없음을 요달한 것이다. 법이 이미 있지 않으면 마음 또한 없는 것이 아닌가. 부질없이 실상이나 불국토를 취해 장엄함이여, 대신大身은 비신非身이라 설하니 지견知見이 부칠 곳 없는 데, 이르게 된다.

---

2 토끼 뿔과 거북 털 : 토끼 뿔(兎角)이나 거북 털(龜毛)은 선시에 자주 나타나는 선어로 토끼는 본래 뿔이 없고 거북도 당초부터 털이 없다. 상대적으로 없는 것이 아니라 근본부터 없는 것이니 스스로 그러함을 말한다.

월조 강해

혜심은 침묵으로 말을 건넨다.

못가에 홀로 앉았다가   池邊獨自坐

물속의 스님을 우연히 만났네   池底遇逢僧

말없이 웃으며 서로 보고는   黙黙笑相視

그대를 안다 해도 대답이 없네   知君語不應

— 혜심, 『무의자시집』 「대영(對影)」

④ 세존世尊[3] : 석가붓다께서 수보리와 대담에서 명칭이 세 번이나 바뀐다. 제자와 스승 간에 발가벗은 마음으로 순수하고 청명한 마음을 주고 받을 때는 역시 '스승님!'인데, 아무것도 더 보탤 수 없는 가장 인간적인 아름다움이 담겨 있다. 스승은 산스크리트어 'bhagavan(박아범)'의 번역이다. 그리고 '세존世尊'이라 지칭함은 역시 더할 수 없는 인간의 따뜻함을 벗어난 거룩함의 경지를 보여준 데 대한 존경심의 발로라 생각한다. 다음 '붓다', '부처님'은 깨달은 이의 일반적인 명칭인 동시에 스승을 넘어서 격을 갖춘 명칭으로서, '붓다여', '부처님'이라 함은 위대한 깨달음을 이룬 대성인으로서 존경의 대상이며 응공應供해야 할 대상이며, 감읍하여

---

3 여래 십호 : 붓다의 공적분상에 따라 부르는 열 가지 칭호이다. ① 여래(如來, Tathāgata) ② 응공(應供, Arhat) ③ 정변지(正遍知, Samyak) ④ 명행족(明行足, Vidyācaraṇa-sam panna) ⑤ 선서(善逝, Sugata) ⑥ 세간해(世間解, Loka-vit) ⑦ 무상사(無上士, Anuttara) ⑧ 조어장부(調御丈夫, Purusadamya-sārathi) ⑨ 천인사(天人師, Deva man-usaya) ⑩ **세존**(世尊, Bhgavata).

신심信心을 내야 할 멘토이기 때문일 것이다. 그러나 스승께서는 스스로를 지시하여 말할 때는 주로 '여래如來', 'Tathāgata(타타가타)'란 말을 쓴다. '이와 같이 왔다가 이와 같이 가는 사람' 즉 한역하여 여래거래如來去來란 말은 석가붓다 자신의 '여여如如함,' 저절로 상태'를 드러내는 말이라 보인다.

갠지스강의 비유

無爲福勝

　"수보리여, 여기 갠지스① 강변의 모래가 있다. 그 모래만큼의 갠지스가 있다. 모든 갠지스의 모래는 얼마나 많은가."

　"엄청나게 많습니다, 스승님. 갠지스만 해도 헤아릴 수 없는데 하물며 그 모래이겠습니까."

　"수보리여, 내 지금 진실한 마음으로 말하리라. 사람들이 갠지스의 모래만큼의 삼천대천세계를 일곱 가지 보배로 가득 차게 보시하면 복이 많지 않겠는가."

　"굉장히 많습니다, 스승님."

　"그렇다. 사람들이 이 경을 읽고 사구게의 중요한 뜻을 이웃과 함께 나눈다면 이 복과 덕은 그것들을 훨씬 능가할 것이다."

菩提 如**恒河**①中所有沙數 如是沙等恒河, 於意云何 是諸恒河沙寧爲多不. 須菩提言, 甚多世尊 但諸恒河尙多無數 何況其沙. 須菩提, 我今實言告汝 若有善男子善女人 以七寶滿爾所恒河沙數三千大千世界 以用布施 得福多不. 須菩提言, 甚多世尊. 佛告須菩提, 若善男子善女人 於次經中 乃至受持四句偈等爲他人說 而此福德 勝前福德.

① **갠지스강**恒河 : 갠지스Ganges강은 히말라야 산맥에서 발원하여 동으로 흘러 뱅골만으로 1,557마일을 흐른다. 세계 4대 문명의 발상지이며 인도의 고대 왕국들은 모두 갠지스강가에 도읍을 정하였고, 인도의 사상 역시 갠지스와 같이 흘러 퍼졌다.

구루도 많다

너무나 많은 모래톱 저,

한없는 그대

— 월조 게송, 「갠지스」

함허 설의

일 항하의 모래 수가 무궁하다. 모래와 같은 항하 또한 무궁하다. 한 성중性中에 항하 모래의 묘용이 있으며, 항사恒沙의 묘용과 같아야 법이 무진無盡하다, 하나하나의 항하의 모래가 또한 무진하니 하나하나의 법에 항사의 묘용이 있다.

보배로 보시하는 것은 마침내 생사를 감득하기 때문에 모자람이 있고 경을 가지는 것은 마땅히 보리에 나아가기 때문에 빼어남이 있다.

야보 게송

전삼삼 후삼삼   前三三 後三三

1・2・3・4로 세는 항하의 모래여   一二三四數河沙

모래와 같은 항하의 수가 다시 많다   沙等恒河數更多

산수하기를 다해 눈앞에 한 법도 없어야   算盡目前無一法

능히 사바하娑婆訶[1]에 고요히 처할 것이다   方能靜處娑婆訶

함허 설의

천지와 일월과 삼라만상과 성상性相과 공유空有와 명암과 살활과 범성과 인과의 모든 명수名數를 일구에 다 설파했다. 1・2・3・4 등의 항하를 한 항하의 모래로써 수를 세니 일 항하의 모래로 오히려 부족이라. 모래와 같은 항하의 수가 다시 많다. 모든 법이 가가 없어 수를 다 셀 수 없으니 제법으로 다 센다 해도 어쩔 수 없다. 법과 법이 다른 법이 없음을 요달해야 능히 사바하에 고요히 처하게 된다.

종경 제강

석가여래가 연등불에게 법을 이었다 말하나, 그럼 전한 것이 무엇이며 얻은 것이 무엇이냐. 비록 불국토를 장엄하였다 하나 머무

---

1   사바하(娑婆訶) : 산스크리트어로 'Svāhā'. 의역하면 구경의(究竟義)・원만의(圓滿義)・성취의(成就義)・산거의(散去義)의 뜻이 된다.

른 바의 마음이 없다. 모든 망념이 없어졌다 함은 바로 일진一眞이 청정하다. 곧 마음과 법을 둘 다 잊고 한恨과 티끌이 다 없어짐을 얻을 것이다. 말하라. 장엄이 무엇인가. 일탄지에 팔만문을 이루고, 찰나에 삼지겁三祇劫[2]을 박살낸다.

정법 가운데 얻은 바가 없어 열반 마음 밖으로 부질없이 장엄한다. 육진이 공적을 사람이 앎이 없으니 수시를 미루어 거꾸로 옥섬玉蟾[3]을 잠근다.

함허 설의

정토를 장엄하는 일은 어떤 것인가. 정법안正法眼을 얻는 것이 참 종요宗要다. 무엇을 정법안이라 말하는가. 법의 있는 바가 없는 것을 요달하는 것이다. 법이 이미 없는데 일체의 마음 또한 없다. 이 참 장엄을 사람들이 알지 못해 상의 몸과 땅을 취해 부질없이 장엄한다. 때문에 대신大身이라 호함을 비신非身이라 설하여 지견으로 가당치 않은 것에 의지해 말한다.

---

2 삼지겁(三祇劫) : 삼아승지겁(三阿僧祇劫)의 준말. 이 말은 숫자로 표현할 수 없는 오랜 세월을 일컫는다. 곧 이런 세월의 세 배수를 말한다.
3 옥섬(玉蟾) : 달의 문학적 표현. 섬(蟾)은 두꺼비, 달을 의미한다.

말씀을 말씀의 기록을 존중하라
尊重正敎

"수보리여, 어느 곳에서나 이 경전을 모신 곳에서 읽고 '**중요한 뜻**①'을 이웃과 함께 나눈다면 마땅히 알라. 이곳은 사람과 천인들과 심지어 **아수라**②까지도 부처님 모신 탑묘처럼 공양한다. 하물며 스스로 모시고 쓰고 읽고 외우고 그 뜻을 통달하는 것이랴. 분명히 알라. 이 사람은 최상의 법을 성취하리다. 그리고 이 경전이 있는 곳은 붓다가 계시고 선지식이 있는 곳이다."

보유補遺

① **중요한 뜻** : 사구게四句偈의 의역이다. 『금강경』에는 사구로 된 선게禪偈가 많이 나오는데, 바로 석가 세존이 우리를 일깨우기 위한 자비심의 부촉이다. 이것은 토각兎角이다. 아니다 구모龜毛다.

復此須菩提, 隨說是經 乃至**四句偈**① 等 當知此處 一切世間天人**阿修羅**② 皆應供養如佛塔廟, 何況有人 盡能受持讀誦. 須菩提, 當知是人成就最上第一希有之法, 若是經典所在之處 即爲有佛若尊重弟子.

② **아수라**阿修羅 : 산스크리트어 Asura의 음역. 육도六道 중의 하나, 싸우기를 좋아하는 귀신. 『증일아함경』 권3, 『장아함경』 21 등에 나온다. 천용팔부 중 하나. 천天, 용龍, 야차夜叉, 아수라阿修羅, 가루라迦樓羅, 건달파乾達婆, 긴나라緊那羅, 마후라가摩睺羅伽 곧 팔부의 신을 말한다.

월조 강해

토끼 뿔兎角은 없음이 아니라 없음마저 없는 당초부터 없는 것, 본래 없는 것을 말한다. 우리는 '없다' 할 때, '있다'와 짝을 짓는다. 완전 없는 것보다 당초에 없는 것을 구모龜毛, 무영탑無影塔, 무영수無影樹를 말한다. 이 진리의 당체當體를 선장禪丈마다 독특한 표현을 해 왔다. 육조는 자성自性, 신회는 지知와 같이 관념적이고 추상적인 선어가 마조에 이르러서는 평상심시도平常心是道, 임제는 무위진인無位眞人, 무의진인舞衣眞人 등으로 구체화되었고, 그 후 선장들은 석인石人, 석녀石女, 철우鐵牛, 니우泥牛 등 원래 있지 않은 것으로 실상을 형상화하여 일러왔다. 덕산의 방棒, 임제의 할喝, 조주의 구순피선口脣皮禪, 손뼉을 침, 눈썹 찡그림, 주먹을 쥠과 같은 행위는 어쩔 수 없는 선장들의 간절노파심절이다. 우리는 그저 주먹을 쥐기 전의 바로 자리를 보면 그뿐이다.

뒹굴고 있는 그림자라. 이르지 말라.

| 새소리 벌레울음, 모두 전심의 비결 | 鳥語蟲心 總是傳心之訣 |
| 꽃 그림자 풀빛은 이건 깨침의 글 다니니 | 花影草色 無是見道之文 |

| 학자는 마음자리 그 마음을 밝혀라 | 學者 要天機淸徹 |
| 가슴 영롱하면 닿는 건 다 회심처야 | 胸次玲瓏 觸物 皆有會心處 |

―『채근담』후7

야보 게송

| 합당함이 이와 같다 | 合如是 |

바다의 깊음과 같고	似海之深
산의 견고함이다	如山之固
좌로 돌고 우로 구르매	左旋右轉
법도 아니고 머무름도 아닐새	不法不住
굴에서 나온 금모사자 새끼가	出窟金毛獅子兒
위엄을 떨치며 우니 모든 여우가 의심한다	全威哮吼衆狐疑
깊은 생각해 창과 방패를 움직이지 않는 곳에	深思不動干戈處
바로 천마외도를 끌고 돌아온다	直攝天魔外道歸

함허 설의

펴고 거두는 것이 자유로워 숨기고 나타내는 것이 걸림 없으니, 이치가 이와 같이 합당하다. 또 백운은 당연히 청산에 있음이여, 산과 백운의 어울림이 서로 마땅하다 할 것이다.

해와 달이 밝으나 밝음이 아니고 겁화가 무너질 때도 깨달음은 파괴되지 않는다. 그러나 손님과 주인이 서로 섞이어 함께 돌아가

고 서로 지체함이 없으니, 대용이 나타나고 모든 삿됨이 스스로
항복한다. 바로 구중궁궐에서 예배하매 사해가 조종朝宗[1]으로 따
른다.

법다이 받아 간직하라

如法受持

이때에 수보리가 스승께 여쭈었다.

"세존이시여 이 경의 이름을 어떻게 불러야 하며 어떻게 받들어 지녀야 됩니까."

스승께서 대답하셨다.

"이 경의 이름은 **금강반야바라밀**①이니 이러한 이름대로 그대들은 받들어야 한다. 왜냐하면 수보리야, **부처가 설한 반야바라밀은 반야바라밀이 아니며 그 이름이 반야바라밀**②이기 때문이다. 수보리야 그대 생각은 어떤가. 여래가 설한 법이 있다고 생각하는가."

수보리가 스승께 대답하였다.

"스승님 여래께서 설한 바가 없습니다."

"수보리야 그대 생각은 어떤가. 삼천대천세계와 같은 수많은 먼지라면 많지 않겠는가."

爾時須菩提白佛言, 世尊, 當何名此經 我等云何奉持. 佛告須菩提, 是經名爲**金剛般若波羅蜜**① 以是名者 汝當奉持. 所以者何 須菩提, **佛說般若波羅蜜 卽非般若波羅蜜 是名般若波羅蜜**.② 須菩提 於意云何, 如來有所說法不. 須菩提白佛言, 世尊, 如來無所說. 須菩提 於意云何, 三千大天世界所有微塵 是爲多不. 須菩提言, 甚多世尊. 須菩提, 諸微塵如來 說非微塵 是名微塵, 如來說世界非世界 是名世界. 須菩提 於意云何, 可以三十二相見 如來不. 不也世尊, 不可以三十二相得見如來 何以故 如來說三十二相卽是非尙 是名三十二相. 須菩提, 若有善男子善女人 以恒河沙等身命布施, 若復有人 於此經中乃至受持 四句偈等 爲他人說 其福甚多.

"많습니다. 스승님."

"수보리야 그대 생각은 어떤가. 32상으로 여래를 볼 수 있느냐."

"아닙니다, 스승님 신체의 특징으로 여래를 볼 수 없습니다. 왜냐하면 여래는 32상[1]은 곧 상이 아니고 이 이름이 32상이라 했기 때문입니다."

"수보리야 사람들이 저 갠지스의 모래와 같은 몸과 목숨을 이웃을 위해 내 주더라도, 어떤 사람이 이 경을 읽고 중요한 사구게를 전한다면 그 복이 더 많다 할 것이다."

보유補遺

함허 설의

초전법륜으로부터 반야부 말씀에 이르러 일경一經의 체가 구비 되었고 또한 설한 뜻이 두루 원만했으니, 수보리가 경의 이름이 안 정되기를 원해 받들어 지키기를 청한 것이다. 이에 스승께서 양단 兩端을 쳐서 두 손으로 나누어 붙였다.

경을 설하고 이름을 '금강반야바라밀'이라 분부했다. 또 말을 의 지해 지혜를 낼까 두려워하여 반야는 반야가 아니라 설하고 수보 리를 하여금 문자성文字性이 본래 공함을 이르셨다.

---

1   32상(三十二相) : 32상은 부처나 전륜성왕이 갖춘 좋은 상인 32상이 있다. 『중아 함경』 권11, 『장아함경』, 『대지도론』 권4 등에 나타나는데, 32상의 명칭이 서로 다르다.

과연 스승께서 본래의 말씀이 없는 것을 알 것이다. 그러나 아난
阿難²이 경을 결집한 것으로부터 이름과 경구와 문신文身의 차별언
사가 방책에 펼쳐져 있어서, 서역에 넘치고 동진에 차이에 이르니
황면노자黃面老子³가 한 말씀도 없었다면 이 같은 법장法藏은 대체
누가 설한 것인가. 일러 보아라. 말이 있어도 다 비방함을 면치 못
하고 말이 없어도 문제가 있을 것이다. 곧 상과 상 아닌 것이 다 부
처가 아니다. 상이 곧 상이 아니라야 진眞이 된다. 만일 이와 같이
분명함을 알면 천진면목을 어찌 다시 의심할 것인가.

때문에 사구게를 수지해 지혜의 눈을 열면 이것이 참으로 보리
정로菩提正路다. 꼭 열반의 항상 변하지 않는 진상眞常을 증득할 것
이니 유위有爲 무위無爲의 우열이 분명하다.

① **금강반야바라밀**金剛般若波羅蜜 : 경전을 『금강반야바라밀』(AD 402)이라
하라. 이 경은 다이아몬드와 같이 어떤 질긴 번뇌라도 잘라내므로 지혜
완성의 말씀이라 한다. 반야는 지혜, 바라밀은 완성이니 곧 질긴 번뇌를
다이아몬드로 잘라내는 지혜의 경인 것이다. 현장본에는 『능단금강반야
바라밀能斷金剛般若波羅蜜』로 번역(AD 648)했다. 능단能斷은 무엇이든지
끊는다는 뜻이다. 줄여서 『금강경』이다.

② **부처가 말한 반야바라밀은 곧 반야바라밀이 아니며 그 이름이 반야바라밀이다**佛

2　아난(阿難) : 석가부처님의 사촌동생이며, 25년 동안 부처님 시자였고, 십대제자
　　중, 다문제일(多聞第一)이었다. 각 경전에 '여시아문(如是我聞), 나는 이렇게 들었
　　다'의 나는 아난이며, 경 가운데 부처의 말씀을 들은 대로 말할 뿐이다란 의미다.

3　황면노자(黃面老子) : 부처님의 이칭.

說般若波羅蜜 卽非般若波羅蜜 是名般若波羅蜜 : 산스크리트어 'Prajña-pāra-mitā'의 음차이다. 반야Prajña는 팔리어로는 'paññā'라 하며, 혜慧, 명明, 지혜智慧로 번역하지 않고 반야로 그냥 쓴다. 반야는 존재 자체의 자발광으로 본질에 솟는 근원적인 예지다.

월조 강해

'불설 반야바라밀 즉비반야바라밀 시명 반야바라밀佛說 般若波羅蜜 卽非 般若波羅蜜 是名般若波羅蜜'은 『금강경』의 기본 적기법문인 동시에 주수사법이다. 이 적기수사법은 전 전의 전편을 이끌어 가고 있다. 천지만물 예토정토는 공空인 동시에 『금강경』 전 부분에 공空이 깔려 있고 공에 계합시키려는 스승의 간절노파심이 적기법문으로 나타나고 있다.

소위 불법자 즉비불법	제8분 의법출생
불설 반야바라밀 즉비반야바라밀 시명반야바라밀	제13분 여법수지
여래설 삼십이상 즉시비상 시명삼십이상	제13분 여법수지
여래설 제일바라밀 즉비제일바라밀 시명제일바라밀	제14분 이상적멸
여래설 장엄불토자 즉비장엄 시명장엄	제17분 구경무아
여래설 제상구족 즉비제상구족 시명제상구족	제20분 이색이상
중생중생자 여래설 비중생 시명중생	제21분 비설소설
소언선법자 여래설 즉비선법 시명선법	제23분 정심행선
범부자 여래설 즉비범부 시명범부	제25분 화무소화

불설 미진중 즉비미진중 시명미진중   제30분 일합이상

여래소설 삼천대천세계 즉비세계 시명세계   제30분 일합이상

소언법상자 여래설 즉비법상 시명법상   제31분 지견불생

곧 이 경구는 남종선의 소의경인『금강경』의 적기賊機의 경구다. 적기란 찰나에 상대방의 앎의 기틀을 빼앗음을 말한다. 상대방을 적기하여 깨달음에 이르게 하는 1,700공안이나 상당법문의 기본 틀이 된다. 1,700공안 한 틀을 살펴보자.

어느 날 남전산에서 동당과 서당의 수자들이 새끼 고양이를 놓고 다투고 있었다. 남전 방장이 이것을 보고 마침내 고양이를 들고는 "말해보라, 말하지 못하면 베겠다". 모두 대답이 없었다. 남전 화상은 새끼 고양이를 두 도막으로 잘라 버렸다. 조주는 어디 갔다 이제 오나. 어슬한 저녁. 남전 화상은 앞의 얘기를 조주에게 들려주고 67칙의 공안을 말한다. "너 같으면 어떻게 할래." 이에 조주는 아무런 말 없이 짚신을 머리에 이고 나가 버렸다. 남전 화상은 "만약 네가 있었다면 고양이를 구했을 텐데" 하고 중얼거렸다.

『벽암록』63칙「남전참묘화」, 64칙「조주두대초혜」로 실린 공안에 대한 사설이다. 63칙의 본칙은 아래와 같다.

스토리는 이것으로 끝이 아니다. '내가 없었다면 반드시 남전의 목을 쳤을 거다.' 목 있는 화상 몸 없는 화상, 물 속 거미집과 처마

밑 거미집도 공평한 하늘도, 이렇게 아무런 말이 없지 않은가.

목 있는 고양이 목 없는

고양이 몸뚱이 없는

고양이 넋만 있는 고양이

서로 만나는 건 지음(知音)이다

말하지 마라, 여기 또

고양이 울음소리

— 월조 게송, 「중얼거리다」

야보 게송

오히려 적게 비교해야 할 것이다.	猶較些子
한 손으로 들고 한 손으로 누르며[4]	一手擡一手搦

왼쪽에서 노래하고 오른쪽은 박자 친다	左邊吹右邊拍
줄 없이 튕겨 생이 없는 줄거움을 타야	無絃揮出無生樂
궁과 상에 속하지 않아 율조가 새로우니	不屬宮商律調新
지음을 안 뒤에 다만 이름이 아득하다	知音知後徒名邈

---

4 한 손으로 들고 한 손으로 누르며 : 한 손으로 반야를 설하고 한 손으로 반야를 설
하지 않으며

함허 설의

반야般若를 비반야非般若라 설하니 옳기는 진실로 옳으나 외려 한 선의 길이 가려졌다. 반야가 반야가 아니라 하니 한 번은 들고 한 번은 누르며 좌편으로 노래하고 우편으로 박자 치는 것이 잘하기는 잘했으나 오히려 좋은 솜씨는 아니다. 줄 없는 거문고 위에 무생곡無生曲[5]을 타야 비로소 가히 좋은 수가 된다 말할 것이다. 만일 이 무생곡이라면 들고 누르며 부르고 박자 치는 데 속하지 않을 것이다. 비록 궁·상에 속지 아니해 율조가 새로우니 지음을 한 뒤에 이름이 아득하다.

야보 게송

소라 부르면 곧 소요	喚牛卽牛
말이라 부르면 바로 말이다	呼馬卽馬
노파 적삼을 빌려 노파 문 앞에 걸어둔다	借婆衫子拜婆門
예의의 차림은 이것으로 넘친다	禮數周旋已十分
대 그림자가 댓돌을 빗질해도 먼지 일지 않고	竹影掃階塵不動
달은 연못을 뚫어도 수면에 흔적 없다	月穿潭底水無痕

5 　무생곡(無生曲) : 생이 없는 곡. 보이지 않고 볼 수 없는 본질의 곡. 본질도 역시 한 겹 막혔다.

월조 강해

노파의 적삼을 빌려 입고 노파의 맨살에 절한다. 네가 있다 하면 나도 또한 있다. 네가 없다 하면 나도 또한 없다. 있고 없음을 모두 세우지 않으면 서로 대하매 웃을 뿐이다.

분명히 알라. 부르면 곧 이름이다. 노파의 적삼은 속곳이다. 이 속곳이야말로 어머니의 어머니, 어머니의 어머님에게 받은 것이니 잘 살필 일이다. 아무리 말해도 이 한 물건을 이 한 물건에 걸어둔다. 무엇을 더 말할 것이 있는가. 그대로 별난 것이 아닌 위의 게송 '죽영소계진부동竹影掃階塵不動' 3구와 4구 '월천담저수무흔月穿潭底水無痕'일 뿐이니, 오늘은 월조와 같이 웃을 뿐이다. '대 그림자가 댓돌을 빗질해도 먼지 일지 않고 / 달은 연못을 뚫어도 수면에 흔적 없다'고 입이 없어지도록 중얼중얼거려 보자.

함허 설의

스승께서 무상을 밝히는데 과연 능히 상이 아니라고 답하셨고, 만일 스승께서 상을 물었으면 또한 상으로써 답했을 것이다.

물음을 받아 대한 것이 어기지 않으니, 그대의 유有와 그대의 무無에 나도 그러할 것이다. 유와 무를 같이 세우지 않으면 서로 대하여 잠잠해 말이 없다. 유와 무를 세우지 아니해 말없이 대하는 것이여, 외도가 붓다께 물음에 세존이 양구良久하니 그의 형세가 그러하다. 그는 도적의 말을 타고도 소라 부르며 적을 쫓는다 함이 옳을 것이다. 노파의 저고리를 빌려 입고 노파의 나이에 절하는 것이라

함은 또한 어떠한가.

　다시 토끼 뿔에 허리띠 걸어놓고 발만은 맨땅을 걸어가자. 여기 야보의 착어와 게송도 있다.

상을 떠나야 적멸에 든다

離相寂滅

    스승의 말씀을 들은 수보리는 깊이 그 뜻을 이해하여 눈물을 흘리고 슬피 울며 스승께 여쭈었다.

    "드문 일입니다. 스승님, 이처럼 깊은 말씀은 제가 여태 얻은 지혜로써는 듣지 못했던 말씀입니다. 스승님, 사람들이 이 말씀을 듣고는 깨끗한 신심을 내면 실상①이 나타나게 될 것입니다. 마땅히 이 사람은 제일

爾時 須菩提 聞說是經 深解義趣 涕淚悲泣 而白弗言. 希有世尊, 佛說如是甚深經典 我從昔來 所得慧眼 未曾得聞如是之經. 世尊, 若復有人 得聞是經 信心淸淨 卽生實相,① 當知是人 成就第一希有公德. **世尊, 是實相者 卽是非相 是故如來說名實相.**② 世尊, 我今得聞如是經典 信解受持 不足爲難, 若當來世後五百歲 其有衆生得聞是經 信解受持 是人卽爲第一希有. 何以故 此人無我相無人相無衆生相無壽者相, 所以者何 我相卽是非相人相衆生相壽者相卽是非相, 何以故 離一切諸相卽名諸佛. 佛告須菩提, 如是如是, 若復有人 得聞是經 不驚不怖不畏, 當知是人 甚爲希有. 何以故 須菩提, 如來說第一波羅蜜 卽非第一波羅蜜 是名第一波羅蜜. 須菩提, **忍辱波羅蜜**③ 如來說非忍辱波羅蜜 是名忍辱波羅蜜, 何以故 須菩提, 如我昔爲**歌利王**④ 割截身體 我於爾時 無我相無人相無衆生相無壽者相. 何以故, 我於往昔節節支解時 若有我相人相衆生相壽者相, 應生嗔恨. 須菩提, 又念過去於五百世作忍辱仙人 於爾所世 無我相無人相 無衆生相無壽者相 是故須菩提, 菩薩應離一切相 發**阿耨多羅三藐三菩提**⑤心, 不應住色生心, 不應住聲香味觸法生心, 應生無所住心. 若心有住 卽爲非住, 是故佛說菩薩心佛應住色布施. 須菩提, 菩薩爲利益一切衆生 應如是布施 如來說一切諸相 卽是非相 又說一切衆生卽非衆生. 須菩提, 如來 是眞語者 實語者 如語者 不誑語者 不異語者. 須菩提, 如來所得法 此法無實無虛 須菩提, 若菩薩心住於法 而行布施 如人入闇 卽無所見, 若菩薩 心不住法 而行布施 如人有目 日光明照見種種色. 須菩提, 當來之世 若有善男子善女人 能於此經受持讀誦 卽爲如來 以佛智惠 悉知是人 悉見是人 皆得成就無量無邊功德.

드문 공덕이 이루어진 것을 알 것입니다. 스승님 고정된 실상은 없는 것이라고 즉 **실상은 실상이 아니기 때문에 여래께서는 그 이름이 실상이라 하지 않았습니까.**② 스승님 저는 이 말씀을 듣고 믿고 이해해 간직하는 것은 어렵지 않습니다. 그러나 후세 오백 년 후에 이 말씀을 그대로 믿고 받들어 간직하는 사람이 있다면 정말 드문 일이 되겠습니다. 왜냐하면 이 사람은 네 가지 그릇된 견해, 즉 아상·인상·중생상·수자상이 없기 때문입니다. 그리고 이 네 가지 잘못된 생각은 본래 없었기 때문이고 이 모든 상을 떠나야 모든 깨달은 붓다라고 이름 하기 때문입니다.”

스승께서는 수보리에게 말씀하셨다.

“그렇다, 그렇다. 만약 어떤 사람이 이 경을 듣고 놀라고 두려워하지 않으면 이 사람은 드문 사람이다. 왜냐하면 여래가 설한 제일바라밀은 제일바라밀이 아니고 단지 이름이 제일 바라밀이기 때문이다. 수보리야, **인욕바라밀**③도 여래는 인욕바라밀이 아니라 설했다. 수보리야 내가 옛적에 **가리왕**④에게 몸이 베이고 잘리고 할 때에 나는 네 가지 그릇된 견해에 빠지지 않았다. 만약 내 몸이 도막도막 날 때에 네 가지 그릇된 견해가 있었다면 나는 성내고 한스러워 했을 것이다. 수보리야, 내가 또 과거 오백 생애 동안 인욕선인이 되었을 때도 네 가지 그릇된 견해에 빠지지 않았다. 그러므로 수보리야, 깨달음을 향해 가는 보살은 마땅히 모든 상을 떠나서 **아뇩다라삼먁삼보리**⑤의 마음이 나야 한다. 이것이 현상을 잘 파악하는 마음가짐, 감각과 이성을 잘 다스리는 마음가짐이다. 만일 마음에 머무름이 있으면 이것이 곧 마음의 머무름이 되니 깨달음을 향해 가는 길이 아니다. 그러므로 깨달음을 향해 가는 사람은 현상에 머무르지 않는 보시의 마음을 가져야 한다. 수보리야, 깨달음을 향해 가는 사람인 보살은 이러한 보시의 마음으로 다른 사람을 돕는다. 이것은 일체의 사람을 이익 되기 위하여 마땅히 이같이 보시하는 것이다.

여래는 '모든 상은 곧 상이 아니다' 설하고 '모든 중생은 중생이 아니다' 말씀하신다. 그러므로 내가 설한 어떤 형식도 고정불변의 형식이 아니며, 내가 말한 어떤 사람도 고정불변의 사람이 아니기 때문이다. 수보리야, 여래는 참말을 하는 자이며 진실을 말하는 자이다. 수보리야, 여래가 얻은 법인 이 법은 진실도 없고 거짓도 없다. 수보리야, 깨달음을 향해 가는 사람이 마음을 법에 머물러 브시를 행하면 마치 사람이 어둠 속에 들어가 보이는 것이 없는 것과 같고, 만일 깨달음을 향해 가는 사람이 마음을 법에 머물지 않고 보시를 행하면 마치 태양 아래서 모든 모양을 보는 것과 같다.

수보리야, 사람들이 이 경을 읽고 외의 통달하여 남을 위해 전한다면 곧 여래가 깨달음의 지혜와 눈으로 이 사람들을 알고 이 사람들을 볼 것이다. 모두 무변의 공덕을 성취함을 얻을 것이다."

보유補遺

① **실상實相** : 본래 그대로의 상. 진상, 실재 허상과 가상이나 상징이 있음이 아니라, 불이不二 그대로의 모양. 곧 허상도 가상도 모두 실상일 뿐이다. 책, 볼펜, 나무, 바위, 보이고 보이지 않는 두두물물이 실상이다. 때문에 실상은 실상이 아니다.

② **실상은 실상이 아니기 때문에 여래께서는 그 이름이 실상이라 하지 않았습니까**

世尊, 是實相者 卽是非相 是故如來說名實相 : 육조는 '세존이시여, 이 실상이란 것은 곧 상이 아닙니다. 그러므로 여래께서 실상이라고 하십니다世尊是實相者 卽是非相 是故如來說名實相' 하는 이 대문大文이 '청정행淸淨行을 행한다 하더라도 만약 더럽다 깨끗하다 하는 두 가지 상相을 보고 정情에 흐르면 이것은 다 더러운 마음이다. 청정심이 아닌 마음만 얻는다면 곧 실상이 아니다'라고 말씀한다.

③ **인욕바라밀**忍辱波羅蜜 : 6바라밀 중 하나. 육바라밀은 보시布施, 지계持戒, 인욕忍辱, 정진精進, 선정禪定, 지혜智慧 바라밀을 말한다.

④ **가리왕**歌利王 : 세존의 본생설화로 과거세에 인욕선인忍辱仙人으로 산림에 거처하면서 인욕을 수행하고 있을 때, 그 나라의 임금인 가리왕이 사냥을 하다가 잠자는 사이에 궁녀들이 선인에게 가 있는 것을 보고 칼로 선인의 살을 베고 찢고 해도 조금도 아파하고 성내지 않고 끝내 입적하는 설화가 있다.

⑤ **아뇩다라삼먁삼보리**阿耨多羅參藐參菩提 : 산스크리트어 Anuttara-samyak-sambodihi의 음역. 위없는 완전한 깨달음, 곧 '위없는 올바르고 평등한 깨달음'의 의미다.

'어떠한 법도 이를 넘어설 수 없기 때문에 '무상無上'이며, 이理(본질)와 사事(현상)를 두루 아는 까닭에' '정등正等'이라 했고 삿된 것을 떠나 참됨을 비추기 때문에 '정각正覺'이라 하기 때문에 무상정등정각無上正等正覺이다(원측 『반야심경찬』).

함허 설의

경에서 진상묘체眞常妙體를 나타내니 경을 듣고 믿음을 내면 묘체실상妙體實相이 당처에 눈앞에 보일 것이다. 때문에 여래께서 믿는 마음이 청정하면 실상實相이 나타나는 것이다. 이 실상이란 것은 견문각지見聞覺知로 구하지 못하며 색향미촉色香味觸으로 찾지 못한다. 때문에 이 실상이란 것은 곧 상이 아니다. 여래께서 설하기를 그 이름이 실상이라 한 것이다. 실상이란 것은 유상有相이 아니며 무상無相도 아니며 유상 아님도 아니며 무상 아님도 아니다. 때문에 여래가 설하기를 이름이 실상이라 한 것이다.

경을 듣고 믿는 것을 왜 제일 희유希有라 하는가. 사상四相(아상·인상·중생상·수자상)을 멀리 여의어 초연히 독보할 것이다. 사상을 멀리 떠남이 어려움이 되는 것인데 무엇으로 말미암아 능히 멀리 떠나는가. 지혜안智慧眼을 열어서 사상이 본래 공함을 요달했기 때문이다. 상이 본래 공함을 요달해서 덜리 떠남을 어찌 제일 희유라 하는가. 일체상을 여의는 것이 곧 제불이라 이름 한 때문이다. 이것은 수보리(공생空生)의 희유라 하는 말이 저 이치에 묘하게 계합하기 때문에 찬탄하여 '如是如是'라 하는 것이다.

야보 게송

산하대지는 어느 곳에서 왔는가   山河大地 甚處得來

멀리 보니 산에 모양이 있고   遠觀山有色

가까이 들으니 물에 소리가 없다	近聽水無聲
봄은 갔는데 꽃은 아직도 있고	春去花猶在
사람은 왔는데 새는 놀라지 않네	人來鳥不驚
머리마다 모두 이슬같이 드러나고	頭頭皆顯露
물건마다 체가 원래 평등하니	物物體元平
어찌 만나지 않는다 말하리오	如何言不會
다만 너무 분명한 까닭이다	祇爲太分明

함허 설의

만약 한 방향의 상이 아니라 말하면 곧 산하대지가 나타난다. 상은 어느 곳에서 생겨났는가

미혹하면 눈앞에 법이 있기 때문에 도道에서 멀고, 깨치면 귓가에 소리가 없기 때문에 도에서 가깝다. 그러하기 때문에 중생의 망견으로는 가지가지로 어지럽다. 여래의 실견實見으로는 일체가 참적멸이라 한다. 비록 색성色聲이 없다 하더라도 상과 상이 항상 완연하고 비록 항상 완연하다 하나 상과 상을 가해 얻지 못하는 것이다. 따라서 말하기를 '상도 없고 공도 없고 불공도 없으니 이것이 여래의 참실상'이라 한 것이다. 이 참실상은 머리 위에 나타나고 물물 위에 밝으니 시도 없고 곳도 없이 밝게 나타나지 않음이 없다. 이미 두두頭頭에 나타나고 물물物物 위에 밝으니 육조는 무엇 때문에 불법을 알지 못한다 말하는가.

눈썹 밑에 두 눈이 극히 분명하니 외로 눈동자를 보라. 어떤 모양

을 지었느냐.

월조 강해

1행에서 '멀리 본다'는 도의 입장으로 보아 멀다는 것이고 2행의 '가까이 듣는다'는 도에 가깝다는 의기다. 곧 미혹하고 깨침을 말한다. 미혹은 중생의 망념의 견해이고 깨침은 붓다의 실견을 말한다. 깨친 자의 입장에서 보면 색과 성이 없고 참되고 고요함을 말하며, 이때는 두두물물頭頭物物이 완연하여 실상 그대로 드러남을 노래한다.

저, 부엉이 울음

내 시간을 알리는 저,

곡 빠진 귀 소리

― 월조 게송, 「벽시계」

야보 게송

만일 뒷말을 못 얻으면 앞말이 원만하기 어렵다

若不得後語 前話也難圓

어렵고 어려움이여, 難難

어려움은 평지 위에 푸른하늘 같고	難如平地上靑天
쉽고 쉬움이여,	易易
쉬움은 옷을 입은 채로 한숨 자고 깨는 것 같다	易似和依一覺睡
배가 다님은 다 키꼬리[梢]를 잡은 사람에게 있네	行船盡在把梢人
누가 땅위에서 파도가 일어난다 말할 것인가	誰道波濤從地起

함허 설의

이제 어려움과 쉬움을 같이 말하니 원만함을 어찌 얻지 못하랴. 다섯 눈(색色 · 수受 · 상想 · 행行 · 식識)으로 보지 못하고 두 귀로도 능히 듣지 못하며, 그 쉬움을 말함에는 눈을 뜸에 문득 보고 귀를 기울임에 문득 듣는 것이다. 입으로 말함에 두두頭頭가 설파하고 발을 들면 걸음마다 환해지는 것이다. 평지의 상천上天은 진실로 쉽지 않으나, 옷 입은 채로 자다가 깨는 것은 어렵지 않음이니, 보고 보아라. 어렵고 쉬운 것은 각 한 사람의 슬기의 변함에 있다.

야보 게송

| 다니고 머무르고 앉고 누우며 옷 입고 | 行住坐臥 |
| 밥 먹으니 다시 무슨 일이 있을까. | 着衣喫飯 更有甚麼事 |

얼음은 덥지 아니하고 물은 차지 않으며	氷不熱火不寒
흙은 습하지 아니하고 물은 건조하지 않다	土不濕水不乾
금강신은 다리로 땅을 밟고	金剛脚踏地

깃대(幡竿) 대는 머리로 하늘을 가리킨다	幡竿頭指天
만일 사람이 믿어서 미침을 얻으면	若人信得及
북두남면(北斗南面)하여 볼 것이다	北斗南面看

함허 설의

불법이 삶에 있어 행주좌와 처와 옷 입고 밥 먹는 때의 시간과 장소가 낱낱이 드러나 잃어버리지 않으니, 이와 같다면 신해수지信解受持가 무슨 어려움이 있으며, 비록 신해수지한다 해도 또한 무엇이 희유할 것인가. 당신이 평상의 일상의 도리를 알자면 어떻게 말할 것인가.

빛 속에서 환한 달을 보고 불 속에서 맑은 물을 기른다. 반듯이 섰으매 머리는 땅에 드리우고, 가로 느워 잠에 다리는 하늘을 가리킨다.

야보 게송

사람을 저버리지 않으면 얼굴에 부끄러운 빛이 없다

心不負隣 面無慚色

옛 대에서 새 죽순이 돋고	舊竹生新筍
새 꽃은 옛 가지에서 생장한다	新花長舊枝
비는 행객의 걸음을 독촉하고	雨催行客路
바람은 조각배가 돌아감을 보낸다	風送片帆歸

대나무가 **빽빽**하지만 물 흐름을 방해하지 않는다   竹密不放流水過

산이 높아도 어찌 백운이 날음을 막을 수 있는가.   山古豈礙白雲飛

함허 설의

부처에 삼신三身이 있으니 법신法身, 보신報身, 화신化身이다. 저 법신毘盧老漢[1]의 머무르는 곳을 보라. 삼三도 아니요 일一도 아니지만 삼이요 일이다. 본질과 시작함이 쌍으로 되어 부자가 동업을 하는 격이다. 이미 동업을 하더라도 집안 일은 생각지 말고 도중에 손님됨을 즐기며, 또한 도중을 생각하지 말고 도리어 집안을 향해 돌아본다. 이와 같더라도 도중에서 집안 일이 막히지 아니하고 도중 일이 막히지 않는다. 사람의 일이 왼쪽으로 돌며 오른쪽으로 옮겨지니 노사나불이 만면에 춘풍으로 웃는다.

야보 게송

단지 이 한 사람이다   秖是自家底

털로 큰 바다를 삼키고 개자에 수미산을 넣는다

毛吞巨海水 芥子納須彌

푸른 하늘에 일륜이 원만하여 맑은 빛이 육합에 비친다.

碧漢一輪滿 清光六合輝

---

1 비로자나불(毘盧老漢) : 비로노한, 노사나불, 대일여래란 이칭이 있다.

| 고향의 전지를 답득해서 안온하면 | 踏得故鄉田地穩 |
| 남북과 동서가 없다 | 更無南北與東西 |

함허 설의

두려움을 내지 않음은 '희유가 된다'고 설하는 것이 옳으나 아비와 자식은 본래 한 기氣이며 한 집이니 어찌 두려워할 것인가. 또 어찌 희유하다 할 것인가.

진모塵毛(먼지 같은 털)와 겨자는 물질의 가장 작은 것이지만 정식情識에 비유할 바는 아니다. 그러나 이것을 지혜로 살피면 진모와 겨자가 작은 것이 아니며 거해巨海와 수미산須彌山이 곧 큰 것이 아니다. 거해를 털끝에 감추고 수미산을 겨자 속에 넣음이 바로 우리들의 일상적인 분상이다. 이것은 무슨 까닭인가. '성품의 하늘性天'과 깨달음의 달覺月이 도리어 사무치며, '신령스런 밝음靈明'의 빛이 육합에 등등하고 빛이 만상에 비치니 넓은 것과 작은 것과 거대한 것과 가는 것이 하나도 그의 빛을 받는다. 이 경계를 얻고 이 소식을 얻으면 다시 무슨 동이며 서며 남이며 북을 설할 것인가. 남북동서가 다 '나'의 변화다. 일체가 나로 말미암아 이루어졌다 해도 무방하다. 그러면 만들어 세움도 나에게 있고 쓸어버림도 모두 나에게 있는 것이다.

야보 게송

| 눈앞에 법이 없으니 | 目前無法 |

버들은 푸름을, 꽃은 붉은색을 무던히 여기고,　　　　從敎柳綠花紅

귓가에 들은 것이 없으니　　　　耳畔無聞

앵무새 소리와 제비의 말을 일임한다.　　　　一任鶯吟燕語

사대가 원래 내가 없고　　　　四大元無我

오온이 다 공하다.　　　　五蘊悉皆空

훤히 비어 없는 이치는　　　　廓落虛無理

건곤과 만고에 한가지다.　　　　乾坤萬古同

묘봉이 높아 항상 같은 고로　　　　妙峰巍巍常如故

누가 뒤엎고 땅을 거두어 바람을 관리할 것인가.　　　　誰管顚號括地風

함허 설의

깊이 법의 성품이 공함을 요달해 바르고 빈 것에 다 무심하니, 성품이 공함을 요달하면 한恨과 티끌塵이 걸림이 없고(무애) 무심을 얻으면 일들이 방해되지 않는다. 때문에 말하기를 '지혜가 밝으면 두두頭頭가 밝고 마음이 한가하면 일들이 한가하다' 했다.

사대오온四大五蘊[2]이 거울 속 형상 같아야 비어 내가 없으며 또한 몸이 없다. 무아무인無我無人하여 성이 항상 머무르니 땅과 같고 하늘과 같아 예로부터 지금에 이른다. 지금에 이르러 변이함이 없으

2　사대오온(四大五蘊) : 사대는 물물이 지수화풍(地水火風)으로 이루어짐, 오온은 색수상행식(色受想行識), 색은 물질. 수는 느낌작용. 상은 인상작용, 행은 행위, 식을 아름알이 곧 아는 버릇을 말한다.

니 팔풍[3]에 옴이 평팽함을 마땅히 여긴다.

야보 게송

부처 계신 곳에 머무르지 말고	有不處不得住
부처 없는 곳에선 급히 지나서	無不處急住過
30년 후에 이르지 않았다 말하지 말라	三十年後 莫言不道

아침엔 남악에서 놀고 저녁에는 천태에 간다.	朝遊南嶽 暮住天台
추종해도 미치지 못했는데 홀연히 스스로 온다.	追而不及 忽然自來
혼자 행하고 혼자 앉아서 걸림이 없으니	獨行獨坐無拘擊
마음 훤한 곳에 또한 마음이 훤하다.	得寬懷處且寬懷

함허 설의

부처 계신 곳에 가르침은 지킬 것이 있고 부처 없는 곳에 가르침은 본받을 것이 없다. 그러나 가르침이 있고 가르침이 없는 것이 다 사람으로 하여금 쇄쇄락락洒洒落落[4]함을 얻지 못하는 것이다. 이미 양변에도 있지 않고 또한 중도에도 머무르지 않으니, 삼관三關을 뚫어 마치고 다시 자취를 머무르지 않는다.

3 　팔풍(八風) : 팔풍은 우리의 마음을 움직여 번뇌를 일으키고 신심을 방해하는 여덟 가지 경계를 바람에 비유한 말이다. 곧 이 (利, 이익), 쇠(衰, 쇄락, 손해), 훼(毀, 비난, 훼방), 예(藝, 명예), 칭(稱, 칭찬), 기(譏, 헐뜯는, 속임당함) 고(苦, 괴로움), 락(樂, 즐거움)을 일컫는 말이다.
4 　쇄쇄락락(洒洒落落) : 물 뿌린 것 같은 상쾌한 느낌.

야보 게송

땅으로 인하여 넘어지고 땅에 인하여 일어나니　　因地而倒 因地而起

땅이 너를 향하여 무엇이라 이르는가.　　　　　　　向你道什麼

세간만사가 항상 같지 않으니　　　　　　　　　　世間萬死不如常

또 사람을 놀라게 하지 아니하며 또 오래 먹인다.　又不驚人又久長

일상과 같이 흡사 가을바람이 이르는 것과　　　　如常恰似秋風至

사람이 서늘함을 뜻하지 않지만 사람 스스로 서늘하다.

　　　　　　　　　　　　　　　　　　　　　　無意凉人人者凉

함허 설의

　땅이 사람으로 하여금 넘어지라 하지 않았으며 또한 사람으로 하여금 일어나라 하지 않았으니, 일어나고 넘어지는 것은 사람 때문인 것이다. 땅에 관계하지 않는다. 법은 사람으로 하여금 깨어나라 하지도 않고 또 사람으로 하여금 미迷하라 하지도 않는다. 미오迷悟는 사람에게 있다. 법에 관계하지 않는다. 취사取捨는 사람에게 있다. 법에 있지 않다.

종경 제강

　수보리가 이 경 설함을 듣고 그 뜻을 알아 두 줄기 눈물을 흘리며, 선인이 자비를 드리우고 인욕을 넓혀 눈雪 같은 칼날刃을 웃으니 부질없이 허공을 벤 것이다. 이와 같이 그 말을 인가하니 능히 일체 모든 상을 여읜 것이다. 이것이 감동해 깨달은 곳에 어떠한 기특함이 있는가. 혜안이 환히 열려 밝기가 해와 같으니 반조返照함에 미진세계微塵世界가 공하다.

수보리가 친히 들어, 근원을 사무쳐보고 슬픔과 기쁨이 교차하여 스승을 찬탄한 것이다. 마음이 공하고 법이 맑아 진제眞際[5]에 초월하니 전에 갚지 못한 은혜를 감당해 갚는다.

함허 설의

수보리의 상을 여읜 말이 이치에 됴하게 계합하니, 스승이 '이와 같다' 칭찬하고 그 말을 인가한 것이다.

---

5 진제(眞際) : 변하지 않는 경계. 제(際, 사이 제), 두 사물의 중간, 경계, 마주치다.

경을 지니는 공덕
持經功德

　"수보리야 보배로운 창고는 바로 이곳이니 아침에 자기 몸을 보시하고 한낮에도 자기 몸을 보시하고 저녁에도 항하의 모래 수만큼 자기 몸을 보시하여, 이렇게 한없는 백천만겁을 보시하더라도 어떤 사람이 이 경전을 보거나 듣고 심신을 무너뜨리지 않으면 그 복이 더 많은 것이다. 하물며 쓰고 지니며 읽고 외워 사람들을 위해 해설하는 것과 비교되겠느냐.

　수보리야 요약하여 말하면 이 경은 양을 측량하지 못할, 한없는 공덕이 있다. 여래인 나는 대승①을 일으킨 사람을 위하여 말했으며 최상승을 일으킨 자를 위어 말하는 것이다. 만약 어떤 사람이 읽고 외우고 쓰고 지니며 사람들에게 널리 설하면 여래는 이 사람을 알고 보며 다 볼 거니 이 사람은 한없는 무어라 말할 수 없는 끝없는 공덕을 성취할 것이다. 이 사람은 곧 여래의 공덕을 짊어진 것이 아니겠느냐. 왜냐하면 수보리

6　須菩提, 若有善男子善女人 初一分以恒河沙等身布施 中一分 復以恒河沙等身 布施 後一分 亦以恒河沙等身 布施 如是無量百千萬億劫以身布施, 若復有人 聞此經典 信心不亦 其福勝彼 何況書寫受持讀誦 爲人解說. 須菩提, 以要言之 是經有不可思議 不可稱量 無邊功德, 如來爲發**大乘**①者說 爲發最上乘者說. 若有人 能受持讀誦廣爲人說, 如來悉知是人 悉見是人 皆得成就不可量 不可稱 無有邊不可思議功德, 如是人等 卽爲荷擔如來阿耨多羅三藐三菩提. 何以故 須菩提, 若樂小法者 着我見人見衆生見壽者見, 卽於此經 不能聽受讀誦爲人解說. 須菩提 在在處處 若有此經 一切世間天人阿修羅 所應供養 當知此處 卽爲是塔 皆應恭敬作禮圍遶 以諸華香而散其處.

보유補遺

① 대승大乘 : 이 분에 나타나는 대승이란 말에서는 대승과 소승이 대립되는 경구나 의식이 나타나지 않고 있다. 예컨대 제15 「지경공덕분」에도 ‘여래는 대승을 발하는 자를 위하여 설하면 최상승을 발하는 자를 위하여 설한 것이다如來爲發大乘者說 爲發最上乘者說’라는 경구는 이 후에 나타나는 소승Hinayāna이나 서로 대립되는 대승Mahāyāna란 말을 쓰지 않고 있다. 이것은 위의 확연한 두 개념이 성립되기 전에 된 것으로 간주하고 있다. 때문에 『금강경』이 반야부 중 가장 오래된 경전임을 뒷받침하고 있다.

야보 게송

한 줌 실을 베는 것과 같아 한 번 벰은 일체가 끊어진다

如斬一握絲 一斬一切斷

한 주먹으로 화성관[1]을 타도하고　　　一拳打倒化城關

한 발로 현묘채[2]를 차 엎어버린다　　　一脚趯翻玄妙寨

동서남북에 걸음 가는 대로 다니니　　　南北東西信步行

대비 관자재를 찾지 말 것이다　　　休覓大悲觀自在

대승설과 최상승설이　　　大乘說最上說

한 방망이에 한 줄의 흔적이고　　　一棒一條痕

한 손바닥에 한 줌의 피다　　　一掌一握血

함허 설의

　이 경은 사람들이 장애를 끊음에 한 줌의 실을 베는 것과 같아서 한 번에 일체가 끊어지고, 사람들이 덕을 이룸에는 한 타래의 실을 물들임과 같아서 한 번 물들임에 일체를 물들인다. 이러할진대 다시 말하고 말하며 문자와 언어에 갈등을 말할 것인가. 한 줄의 흔적과 한 줌의 피여, 건곤이 빛을 잃고 일월이 빛이 없다.

경을 설하는 공덕은 없다. 없음의 무량함이여 잡히지 않고

잡힘 없음은 이곳의 본래 풍광인가. 천연스럽게 동쪽구름이

일고 서쪽엔 설경으로 덥힌 하늘을 보는 것인가. 그러나

아무것도 가지지 않는 편안함은 억지로 오는 것인가.

1　화성관(化城關) : 번뇌를 막아주는 안식처.
2　현묘채(玄妙寨) : 깊은 진리의 울타리.

본시주거서(本是住居西)라 말한 적이 없는 이 말씀을 왜 설할까. 잠간,

눈만 찌푸릴 것인가. 왜 코를 실룩일까. 아무 말 마라는 그

는 그대의 것이 아닌가. 그대와 공덕과 풍광과 구름과 코

실룩임은 어디서 왔는가. 이 또한 누가 내는 말씀인가.

— 월조 게송, 「누가 왔는가」

야보 게송

진주의 무(蘿蔔菜)요 운문의 호떡[3]이다.	鎭州蘿蔔 雲門胡餠

그대와 함께 같이 걷고 또 동행하여	與君同步又同行
일어나고 앉으니 서로 가진 세월이 오래다	起坐相將歲月長
목 타면 마시고 배고프면 먹으니 늘 대면했네	渴飮飢食常對面
모름지기 머리를 돌려 다시 사량하지 않는다	不須回首更思量

함허 설의

이 경에 공양을 한다. 그럼 어떤 것으로 공양그릇으로 삼을 것인

가. 진주의 무요 운문의 호떡이다.

---

3 한 학인이 운문에게 물었다.
   "무엇이 부처를 초월하고 조사를 초월하는 말입니까."
   "호떡"

—『벽암록』77칙 운문호병, 『운문록』

호떡.
그건 맷돌이야, 아니 뒷집 김서방은 토끼 뿔 장수야.

— 월조 착어

한 학인이 운문雲門文偃(?~940)에게 묻기를 "어떤 것이 부처를 초월하고 조사를 뛰어 넘는 말입니까" 운문이 답하되 "호떡". 송나라 선지화상이 말하기를 "이제 이백 명의 납자가 동경과 서락의 한 총림에 나고 한 도량에 들어서 도처에 냉대를 받음을 싫어하고 대접을 좋아하며 얼마나 먹고 갔는가. 그래, 외로 한 사람이라도 운문의 호떡을 아는 이가 있었는가, 없었는가" 말하였다. 산승(선지)은 "좋은 이를 눌러 천한 이를 만드려고 말하는 것은 아니지만 감히 뛰어난 사람이 없다"고 말하였다. "왜냐 산승이 20년 전에 의발 밑에 감추어둔 귀신도 또한 능히 알지 못했으니 너의 무리들이 어느 곳에서 깨달음을 얻을 것인가. 만약 믿지 못한다면 금일에 대중에게 깨달음을 공양할 것이다" 하고 주장자를 잡아 일원상一圓相을 그리고 말하기를 "멋진 솜씨로 잡아서 가두어라" 하고, 다시 말하기를 "거두라". 이 거둠은 모름지기 공양구가 되는 까닭을 알아야 비로소 얻는다. 이 한 개의 호떡은 한 무리에게 공양이 될 뿐 아니라 시방에 모든 부처님에게도 공양하며, 육도함령에게도 공양하고도 남을 것이다. "어떻게 공양할 것인가 진주의 한 개의 무는 천하 노화상이 삼키고 뱉어 오며 삼키고 뱉어 갔으며, 운문의 한 개 호떡은 천하의 납승이 씹어 오고 씹어 갔다. 실로 삼키고 뱉고 씹음을 알면 일찍이 공양해 마친 것이다.

다만 저 공양하는 한 권의 경은 어느 곳으로 향하여 볼 것인가. 일체의 때와 곳에 낯을 보아 서로 나타나니, 헤아리고 의논하고 사량한다면 낯을 대함이 천리나 된다.

종경 제강

천만억겁의 몸을 보시하니 복은 바다보다 깊고, 최상승을 발한 자를 위하여 설하니 짐의 무게가 산과 같다. 문득 행하는 것은 경쾌하지만 또한 전과 같이 놓아둠을 청하니 무슨 까닭인가. 큰 힘 있는 사람은 원래 움직이지 아니해서 웃머리에 관關[4]을 버리고 지나간다.

취모검吹毛劍[5]을 거꾸로 잡아, 다른 발자취를 소제掃除해 문득 심지心地로 하여금 다 개통한다. 칼날이 홀로 비로의 정상에 드러나니 범부와 성인이 다 바람 아래 선다.

함허 설의

한 자루의 취모검을 거꾸로 잡아서 천차만별을 다 소제해서 문득 심지로 하여금 활연 개통케 하니 비로정상毘盧頂上에 칼날이 홀로 들어나니 위광威光이 혁혁해서 눈을 붙이매 다 읽는다. 범인과 성인이 바람 아래 서 있는 것이다.

---

4 관(關) : 빗장, 기관, 잠그다, 닫다
5 취모검(吹毛劍) : 날카로운 칼, 혹 불어 털이 두 동강 나는 칼이다. 선가에서 번뇌망상을 자르는 칼. 근래 입적한 오현(雪嶽霧山, 1932~2018) 화상이 설하기를 "중놈 소리 들으려면 취모검 날 끝에서 그 몇 번은 죽어야 한다"고 일갈한 적이 있다.

업장을 능히 녹이는 말씀

能淨業障

"수보리야, 사람들이 이 경을 받들고 간직하여 독송해서 사람들로부터 경멸과 천대를 받는다면, 이 사람은 전생에 지은 죄업으로 지옥에 떨어질 것이나, 지금 이 세상 사람들에게 경멸과 천대를 받음으로 인해 전생의 지은 죄업이 곧 소멸되어 마땅히 아뇩다라삼먁삼보리를 얻게 될 것이다. 수보리야 나의 '헤아릴 수 없는 과거세'①를 돌이켜보면 연등부처님부터 무수한 부처님들을 만나 뵙고 받들어 공양했고 그 뜻을 섬겨 한 분도 그냥 지나쳐 버린 일이 없었다.

만일 또 사람이 있어 뒷날 능히 이 경을 받들어 지키며 독송하고 얻은 공덕에 비하면 내가 모든 부처님을 모시고 공양한 공덕은 이 공덕에 백분의 일 혹은 천만억 분의 일에도 미치지 못할 것이다.

수보리야, 만일 사람들이 뒷날 말세에는 이 경의 말을 듣고 마음이 혼란하여 의심해 믿지 않을 것이다. 수보리야 명확히 알아라. 이 경은 그 뜻을 가히 헤아릴 수 없으며, 그 결과도 헤아릴 수 없는 것이다."

復此須菩提, 善男子善女人 受持讀誦次經 若爲人輕賤, 是人先世罪業 應墮惡道 以今世人輕賤故, 先世罪業卽爲消滅 當得阿耨多羅三藐三菩提. 須菩提, 我念過去**無量阿僧祇劫**① 於燃燈佛前 得値八百四千萬億那由他諸佛 悉皆供養承事 無空過者. 若復有人 於後末世 能受持讀誦次經, 所得功德 於我所供養諸佛功德 百分不及一, 千萬億分乃至算數譬喩 所不能及. 須菩提, 若善男子善女人 於後末世 有受持讀誦次經, 所得功德 我若具說者, 或有人聞心卽狂亂 狐疑不信. 須菩提, 知是經義不可思議 果報亦不可思議.

① **헤아릴 수 없는 과거세**阿僧祇劫 : 산스크리트어 Asamkhya, 음사하여 아승기야阿僧企也라 한다. 의역하면 무수 무앙수無數 無央數라 하며 표현할 수 없는 가장 많은 수를 뜻한다.

악! 이 말씀 한마디에 '예로부터 이어오던' 업장은 모두 소멸되니, 반야를 깨친 이는 '금강반야바리밀'로 아상我相을 삼고 증득 자체인 진여로 인상人相을 가지며, 또 증득하고 깨친 것으로 중생상衆生相으로 삼으니, 증득과 깨침이 잊어지지 않음을 수자상壽者相으로 삼아 우리의 질긴 사상四相이 깨뜨려짐을 말한다.

이것이 바로 무아無我이어서 인상, 중생상, 수자상이 없다는 것이 아닌가.

고인古人은 이 대목을 이렇게 노라 한다.

야보 게송

한 일이 원인되지 않으면	不因一事
한 지혜를 기르지 못한다	不長一智

찬탄해도 미치지 못하며 헐어도 미치지 못한다	讚不及毁不及
만일 하나를 체달하면 만사가 마쳐진다	若了一萬事畢
모자람도 없고 남음도 없어서 태허와 같으니	無欠無餘若太虛

그대를 위하여 피안에 이른다고 표제를 짓는다　　　爲君題作波羅蜜

함허 설의

아我가 없어서 업을 짓지 않고, 장애를 끊어 보리를 이룸이 온전히 경을 수지하는 힘을 받게 된다. 만약 일대사를 요득하면 백천 삼매 무량의 묘의를 다만 일념 간에 무여無餘를 요달하여 마칠 것이다. 이 일대사는 명자상이 없으며 미오의 상이 없어서 뚜렷하기가 태허와 같아 모자람 없고 남음도 없지만 다만 요득하지 못한 사람을 위하여 문자와 언사를 시설한 것이다.

월조 강해

불교에서는 '과거 현재 미래의 겹쳐진 하나의 인과관계'를 설명한다. 이것을 달마는 그의 저서 『이입사행론』 보원행에서 이렇게 말한다. "오늘의 고통은 오늘의 사건, 어떤 것의 원인으로만 일어난 것이 아니라, 헤아릴 수 없는 시간의 흐름 속에서 자신도 모르는 운명의 와중에 서 있다고 보는 인식을 이른다." 현생의 보이지 않는 사유할 수 없는 사이사이가 오히려 빙산이 보여주지 않는 것 같이 많고 많다. 어제의 원인으로 의해 오늘의 경멸과 천시는 곧 어제의 업이 소멸되고 내일의 새로운 원인을 맞는다.

야보 게송

공로(功勞)를 이유 없이 베풀지 않는다　　　功不浪施

억천으로 부처를 공양함은 복이 한이 없으나	億千供佛福無邊
어찌 늘 옛 가르침 보는 것과 같은 수 있는가	爭似常將古敎看
백지에 검은 글자를 써 그대에게 청하니	白紙喪變書墨子
눈을 뜨고 눈앞에서 보아라	請君開眼目前觀
바람이 고요하고 물이 잔잔하니	風寂寂水漣漣
집을 떠난 사람이 어선에 있다	謝家人祇在漁船

함허 설의

경을 가지고 일념에 원만히 증득하면, 바로 성불해 마친다. 때문에 공을 이유 없이 베푸는 것이 아니라 한다. 옛 가르침古敎의 문채를 알기를 원하는가. 따뜻한 날이 발생함에 땅에 간 비단이요 무늬紋 없는 도장 글자印字가 비단 위에 펼쳐 있다.

원컨대 그대는 낭생안娘生眼[1]을 크게 열어 12시 중에 항상 비출 것이다. 비추면 안과 밖에 침해侵害함이 없어서 진경이 나타나니, 한 사람이 그 가운데 일을 끊을 것이다.

야보 게송

| 누구나 눈썹이 눈 위에 옆으로 있다 | 各各尾毛眼上橫 |
| 양약은 입에 쓰고 충언은 귀에 거슬리니 | 良藥古口忠言逆耳 |

---

1 낭생안(娘生眼) : 어머니가 낳아준 눈.

차고 더움은 스스로 알며 고기가 물 먹음 같으니 冷暖自知如魚飮水

어찌 다른 날에 용화세계를 기다릴 것인가   何須他日待龍華

오늘 아침 먼저 보살기(菩薩記)를 받을 것이다   今朝先授菩提記

함허 설의

부처께서 설하신 법은 단지 눈 위에 눈썹을 설해 얻은 것이다. 만일 이 눈 위에 눈썹이라면 나면서 진실로 있다. 누가 혼자만 또 없단 말인가. 이것은 위가 큰 깨달음과 같으니 무슨 지극한 결과가 있을까 보냐.

눈썹을 설해 얻는다,

이것은 아침에 해 뜨고 저녁놀에 해 감춤이여.

다반사(茶飯事)란 어려운 것.

고래나 새우가 바닷물 마심, 그 물량은 같아라.

—월조 게송, 「다반사」

종경 제강

숙업의 인연으로 이 경을 독송하면 공덕이 승하여 비유로 미치지 못한다. 다만 저 무착 무상한 것은 도리어 과보가 있느냐 없느냐. 허망한 마음이 다하여 멸하면 업이 도리어 공하니 바로 보리를 증득해 등급을 벗어난다. 악인惡因은 누가 지으며 죄는 누가 부르는

가. 진성眞性은 허공과 같아 동요하지 않는다. 오랜 겁의 무명이 함
께 탕진하니 선천후지先天後地해서 고요하고 고요하도다.

본래 없는 자기 모습

究竟無我

이 때 수보리가 스승께 여쭙기를, "사람들이 깨달음을 위하여 어떤 생활태도와 마음가짐을 가져야 합니까".

스승께서 수보리에게 말씀하셨다.

"사람들은 깨달음을 위해 이와 같은 마음을 지녀야 한다. "나는 꼭 일체중생을 열반으로 인도할 것이다, 이 모든 사람을 다 열반으로 인도하더라도 한 사람도 인도한 사람이 없다"라고. 왜냐하면 수보리야, 만일 보살이 네 가지 그릇된 견해 즉 아상, 인상, 중생상, 수자상이 있다면

爾時須菩提白佛言, 世尊, 善男子善女人 發阿耨多羅三藐三菩提心 云何應住 云何降伏其心. 佛告須菩提, 善男子善女人 發阿耨多羅三藐三菩提心者 當生如時心, 我應滅度一切衆生 滅度一切衆生已 而無有一衆生實滅度者, 何以故 須菩提, 若菩薩有我相人相衆生相壽者相卽非菩薩. 所以者何 須菩提, 實無有法 發阿耨多羅三藐三菩提心者. 須菩提 於意云何, 如來於燃燈佛所 有法得阿耨多羅三藐三菩提不. 不也世尊, 如我解佛所說義 佛於燃燈佛所 無有法得阿耨多羅三藐三菩提. 佛言, 如是如是. 須菩提, 實無有法 如來 得阿耨多羅三藐三菩提, 須菩提, 若有法如來得阿耨多羅三藐三菩提者 燃燈佛卽不與 我授記, 汝於來世 當得作佛 號釋迦牟尼 以實無有法得阿耨多羅三藐三菩提 是故燃燈 佛 與我授記 作是言, 汝於來世 當得作佛 號釋迦牟尼. 何以故 如來者卽諸法如義. 若有 人言如來得我耨多羅三藐三菩提, 須菩提, 實無有法佛得阿耨多羅三藐三菩提, 須菩提, 如來所得阿耨多羅三藐三菩提 於是中無實無虛 是故 如來說一切法 皆是佛法 **須菩提, 所言一切法者 卽非一切法 是故名一切法.**① 須菩提, 譬如人身長大. 須菩提言, 世尊 如來 說人身長大 卽爲非大身 是名大身. 須菩提, 菩薩亦如是 若作是言 我當滅度無量衆生, 卽不名菩薩, 何以故 須菩提, 實無有法名爲菩薩, 是故佛說一切法 無我無人無衆生無壽 者. 須菩提, 若菩薩作是言 我當莊嚴佛土 是不名菩薩, 何以故 如來說莊嚴佛土者 卽非 莊嚴 是名莊嚴. 須菩提, 若菩薩通達無我法者 如來說名眞是菩薩.

보살이 아니기 때문이다. 무슨 까닭이냐 하면 수보리야, 바로 깨달음이
란 고정된 법이 없기 때문이다. 수보리야 네 생각을 어떠하냐. 여래가
연등부처님의 곳에서 법이 있어 무상정등정각을 얻었겠느냐."

"아닙니다. 스승님 제가 스승님의 설법을 이해한다면 스승님께서
연등부처님을 모시고 살 때 깨달음이라는 법이 있어 그것을 얻은 것이
아닙니다."

스승께서 이르셨다.

"그러하다 그러해, 수보리야 만약 깨달음이 있어서 여래가 무상정등
정각을 얻었다면, 연등부처님께서 나에게 수기하시길 "너는 반드시
다음 세상에 반드시 부처가 되어 호를 석가모니라 불리리라"라고 말씀하
지 않았을 것이다. 사실 깨달음이란 깨달음이라는 말, 혹은 뜻이기 때문
이다. 어떤 사람이 여래는 깨달음을 얻었다라고 말할지라도 진실로
깨달음이 고정된 법은 없다. 수보리야, 내가 체달한 깨달음은 그 내용이
완전히 있다거나 완전히 없다거나가 아니다. 그러기에 나는 **모든 존재는
깨달음의 존재라고 한다. 수보리야 모든 존재는 모든 비존재다. 그것이 모든 존재
의 법이다.**① 비유하면 그 사람은 매우 키가 크다 라는 말과 같다."

수보리가 스승께 여쭈었다.

"스승님, 스승님께서 사람이 키가 크다고 말씀하신 것은 곧 크지
않다는 것과 같이 키가 크다고 한 것입니다."

"수보리야 깨달음을 향해 가는 사람인 보살도 마찬가지다. "내가
끝내 많은 이웃들을 열반의 세계로 인도했다"라고 한다면 곧 깨달음으로
가는 보살이 아니다. 왜냐하면 내가 불국토를 이룬다는 그 말이 있을
뿐이다. 때문에 부처님이 말씀하시길 일체법은 나도 없고 남도 없으며
중생도 없고 수자도 없다 한 것이다.

'수보리야 만일 보살이 "나는 마땅히 불국토를 이룬다" 이런 말을 하면 보살이라 이름하지 못한다. 왜냐하면 여래가 말한 불국토를 이룩한다는 것은 곧 이룩함이 아니고 그 이름이 이룩하는 것이기 때문이다. 바로 본래 없는 그 말이 있을 뿐이다.

수보리야, 만일 보살이 무아의 법에 통달한 자라면 여래가 말하기를 참으로 보살이라 이름할 것이다."

보유補遺

함허 설의

일체 중생을 멸도한다는 것은 이승二乘과 같지 아니해서 자비로 중생을 교화하는 것이요, 중생도 멸도함이 없다는 것은 지혜가 '참의 경계眞際'에 '깊숙이 합'해져 화化해 낳지 않은 것이니 이는 평안히 머무름이고 마음을 내려놓는 것에 해당하는 것이다.

무엇 때문에 모름지기 화해 낳지 않는 것을 요구해 말하는가. 만일 내가 능히 중생을 제도하여 내가 능히 발심한 자라 이르면 아我·인人이 다투어 능能(주관)과 소所(객관)가 어지러워 곧 보살이 아니다. 내가 능하다 하고 내가 옳다 하는 것을 무엇으로 인해 보살이 아니다 말하는가. 실제의 '본질의 땅理地'에는 일찍 이러한 일이 없었으니 아我와 인人이 다 없어지고 능과 소가 다 고요해져야 바야흐로 실제와 더불어 서로 응해 감이 있을 것이다.

위에서 보살의 무아의 뜻을 밝히고, 이제는 스스로 얻음이 없음을 들어 거듭 무아의 뜻을 밝힌 것이다.

야보 게송

어떤 때에는 달이 좋아서	有時因好月
창주를 지나는 것을 몰랐다	不覺過滄洲
만일 어떻게 주하는지 물으면	若問云何住
중간 및 유무가 아니다	非中及有無
머리엔 섬세한 풀로 덮은 것이 없고	頭無纖草盖
발은 염부제 밟지 않네	足不履閻浮
가늘기는 인허진의 분석 같고	細似隣處析
가볍기는 처음 나비가 춤추는 같다	輕如蝶舞初
중생을 멸진하지만 멸함이 없음을 앎이	衆生滅盡知無滅
이 흐름을 따르는 대장부로다	此是隨流大丈夫

① 모든 존재는 깨달음의 존재라고 한다. 수보리야 모든 존재는 모든 비존재다. 그것이 모든 존재의 법이다須菩提, 所言一切法者 卽非一切法 是故名一切法 : 모든 법에 마음이 취하고 버림이 없으며, 능소能所(주관·객관)가 없어서 일체법을 말한다. 또 마음에 능·소가 없고 고요하지만 늘 비추어서 정定·혜慧가 같이 행하고 체體·용用이 일치하기 때문에 일체법이라 한다.

『반야심경』 기본 설법을 읽어본다.

물질적 현상色은 본질空은 그 자체가 다르지 않고, 본질의 순수함이 모
든 구체화된 현상과 다르지 않으니　　　　　　　　色不異空 空不異色

물질적 현과 본질의 순수함이 바로 같으며 본질의 순수함 이것의 활성
화가 바로 물질적 현상으로 구체화된 것이다　　　　色卽是空 空卽是色

이와 같이 우리의 느낌, 따짐, 의지적 충동, 버릇이 바로 부처의 자발광
지혜며 부처의 실상이 우리의 모습이다　　　　受想行識 亦不亦是

— 월조 착어

함허 설의

철선을 일으켜 바다에 들어오니 낚싯대를 휘두르는 곳에 달이
정히 밝다 성품이 달빛에 차게 비치니 그림자를 사랑해, 창명을 지
나와도 혼연히 깨닫지 못했다. 다시 알아라 도중에 청산의 일을 도
리어 생각하면 종일토록 행하고 행해도 행하는 것을 알지 못한다.

참된 거주처를 원하면 가운데와 유무가 아니다. 청산에도 머무
는 것이 얻지 못했는데 자맥紫陌[1]이 어찌 능히 용납할 것인가. 중생
을 교화하지만 교화함이 없는 것이 흐름을 따르는 장부다.

육조 해의

마음에 주관과 객관이 있다면 선정이 아니며 주객의 마음이 나
지 않아야 이 이름이 선정禪定이라 할 것이다. 이 선정이 곧 청정심

1　자맥(紫陌) : 자주색은 귀인이나 고위층의 옷 색깔, 맥은 두렁이니 도시를 말한다.

이다. 또 모든 법상에 막힘이 없으면 통달이고 법을 안다는 마음을 짓지 않는 것이 무아無我의 법이다. 이 무아법을 설한 여래께서는 참보살이다. 직분에 따라 행함도 보살이라 할 수 있지만 참보살은 되지 못한다. 이해와 행위가 원만해서 일체의 주관과 객관의 마음이 다해야 곧 이름이 참보살이 된다.

야보 게송

저 적은 한 푼이 없으면 어찌 또 얻을 것인가.	小他一分又爭得

홀로 앉으니 숙연히 일실이 비어	獨坐肅然一室空
다시 남북南北과 서동西東이 없다	更無南北與西東
비록 그렇게 양화楊花의 힘을 빌리지 않으나	雖然不借楊花力
도화의 한 모양이 붉은 것을 어찌하랴.	爭奈桃花一樣紅

함허 설의

아我 · 인人, 곧 나와 남이 모두 없고 주관과 객관이 다 고요한 것이, 공이 지극함은 곧 없지 않으나 실로써 보면 또 어찌 얻을 것인가. 물 밖에서 다시 머무를 곳이 없다. 이 경계를 잡아서 구경이라 말하지 말라. 결단코 말한다. 이것 또한 있지 않다. 비록 그렇게 고통스런 단련을 하지 않더라도 본지풍광本地風光의 빛남이 있다.

야보 게송

만약 같은 침상에 자지 않았으면	若不同床睡
어찌 종이옷이 뚫어짐을 알았을까.	爭知紙被穿

북을 치는 이와 비파를 농하며	打皷弄琵琶
둘이 만나 한 집에 모였지	相逢兩會家
그대는 버드나무 언덕으로 가고	君行楊柳岸
나는 나루터 모래에서 자네	我宿度頭[2]沙
강산에 때 늦은 성긴 비 지나니	江山晚來踈雨過
수많은 봉오리가 푸르러 하늘노을이네	數峰蒼翠接天霞

함허 설의

같은 소리는 서로 응접하고 같은 기운을 서로 구한다.

수보리가 세존을 뵙는 것은 북을 치는 사람이 거문고를 희롱하는 사람을 만나는 것 같다. 만나서 무슨 일을 노래했는가. 그대는 버들을 행하고 나는 나루터다. 나루터 광경을 알려고 하는가. 비가 지나고 구름이 걷히면 강이 느리게 흐르니 수많은 봉峯이 푸르러 하늘과 노을에 접한다. 그중 무한한 맑은 의미를 강산의 일구에 다 설파해 버린다.

---

2 도두(渡頭) : 나루터.

야보 게송

가난하기는 범단[3]과 같고 기운은 항우와 같다　　貧似范丹 氣如項羽

위로는 한 조각기와도 없고　　　　　　　　　　上無片瓦

아래로는 송곳 세울 곳이 없다　　　　　　　　下無卓錐

날이 가고 달이 옴에　　　　　　　　　　　　日往月來

알지 못하는 이 누구인가　　　　　　　　　　不知是誰

희　　　　　　　　　　　　　　　　　　　　噫

함허 설의

가난하기는 가난하나 스스로 충천하는 의기가 있다. 청빈해서 있는 바가 없지만 의기는 감히 덮지 못한다.

야보 게송

머물고 머물러라 동착動着하면 곧 삼십 방망이다.

　　　　　　　　　　　　　　　　　住住動着則三十棒

위로는 하늘이며 아래는 이 땅이며　　　　　上是天兮下是地

남자는 남자고 여자는 이 여자다　　　　　　男是男兮女是女

목동이 소 놓은 아이와 맞부딪치니　　　　　牧童撞着放牛兒

3　범단(范丹) : 당나라에 가장 가난한 사람.

대가가 날라리를 같이 부니   大家齋唱囉囉哩

이 무슨 곡조인가. 만년환萬年歡이다   是何曲調萬年歡

함허 설의

다만 저 진여평등의 도리를 무엇이라 말하는가 수부리와 부처가 함께 꺼지고 자타가 다 없어지니, 천지天地가 지천地天이어서 천지가 굴렀고 수산水山이 산수山水여서 공空했다. 비록 이렇게 법과 법이 본래 본위本位에 안주安住하니, 누가 등룡燈龍을 불러 노주露柱(심지)를 삼을 것인가. 때문에 응당 동착動着하지 말 것이니 동착하면 곧 삼십방이다.

하늘은 하늘이요 땅은 땅이니 어찌 잠깐인들 옮길 것인가. 물은 물이요 산은 산이어서 각각 완연하다. 백억百億의 산 석가釋迦가 취해서 춘풍의 끝에 춤춘다. 운곡韻曲이 자연스러우니 누가 화化함을 알지 못할 것인가. 만년환萬年歡의 노래는 무엇을 연해 있는가. 사람들은 스스로 무생악無生樂이 있다.

야보 게송

부유하면 천의 입이라도 적다   富嫌千口少

가난하면 한 몸이라도 많다 한탄한다   貧恨一身多

생애가 꿈과 같고 뜬 구름 같고   生涯如夢若浮雲

살 계략이 없어 육친이 끊어졌다   活計都無絶肉親

| 한 쌍의 푸르고 흰 눈을 얻어 | 有得一雙淸白眼 |
| 무한한 왕래인을 웃어 본다 | 笑看無限往來人 |

함허 설의

실實이지만 실이 없고 허虛하지만 허함이 없다.

쓸쓸寥寥하여 한 물건도 없는 것을 괴이히 여기지 말라. 저 집의 살 생각은 스스로 그러하다 한결같이一向 공하여 물건이 없다 이르지 말라. 좌지우지左之右之 응용하여 이지러짐이 없다.

야보 게송

| 밝고 밝은 백초의 머리에 밝고 | 明明百草頭 |
| 밝은 조사의 뜻이 있다 | 明明祖師意 |

빨리 술 빚는 것을 알고	會造逡巡酒
경각頃刻에 능히 꽃 피운다	能開頃刻花
거문고에 벽옥碧玉의 곡조를 타	琴彈碧玉調
화로에 백주白硃의 모래를 단련한다	爐煉白硃砂
여러 가지 기량은 어디서 얻었는가.	幾般伎倆從何得
모름지기 풍류가 집에서 남을 믿는다	須信風流出當家

함허 설의

조사의 뜻이여, 백초百草의 머리가 밝고 밝으니 백초두상百草頭上

에 눈을 좋게 뜰 것이다. 술을 빚고 꽃을 피우니 기량이 많고 바르다. 이와 같은 기량은 다른 데서 얻은 것이 아니다.

야보 게송

상대인上大人이신 구丘(공구, 공자)와 한 몸이다	上大人丘乙己

이 법이 비법非法이고 이 법이 법 아니라 한 것은	是法非法不是法
죽은 물에 숨은 용이 살아 팔팔하다	死水藏龍活潑潑
이 마음이 비심이고 이 마음이 아니라 한 것은	是審非心不是心
허공에 가득해 예로서 지금에 이른다	逼色處空古到今
오직 이것이라 추심追心한 것을 끊는 것이다.	祇者是絶追尋
무한한 들 구름을 바람이 걷으니	無限野雲風捲盡
한 바퀴 외로운 달이 천심天心에 비친다	一輪孤月照天心

함허 설의

　이 도의 본체는 존엄하여 위가 없으며, 넓이는 가와 밖이 없고 혼공으로 체성을 삼아 물건이 같은 짝이 없다. 말하기를 '상대인上大人 구, 한 몸'이라 한 것이다. 상대인이라는 말은 세상에 공자孔子께서 이를 깊이 체달하여 그 덕의 크게 이루어져 잠깐도 사이가 있지 않기 때문에 칭하기를 '불佛이 된다' 한 것이다.

　법이 곧 이 마음이요 이 법이 아니니, 죽은 물에 숨은 용이 살아 팔팔하다. 법이 이미 법이 아니요 마음도 또한 마음이 아니니 비심

非心인 심체心體가 천지에 가득하다. 천지에 가득하니 지금과 옛날에 응당 떨어짐이 없어서 분명히 눈앞에 있다. 따라서 어찌 구구하게 추심追尋할 것인가. 시是와 비非의 구름이 다하여 심과 법을 쌍으로 잊으니, 대인의 면목이 태양에 의해 더욱 빛난다.[4]

야보 게송

한 물건이라 해도 맞지 않다	還作一物卽不中
하늘이 영령한 육척단구를 내니	天産英靈六尺軀
능문 능무하며 경서를 잘 한다	能文能無善經書
하루아침에 어머니 얼굴을 알아야	一朝識破娘生面
바로 한가로운 이름이 오호에 찰 것이다	方信閑名滿五湖

함허 설의

설사 곧 마음이며 곧 부처라 이르더라도 마음이 아니고 부처가 아님을 어찌하며, 설사 일물一物이라 이르더라도 또한 일물이 아닌 것이다. 그러나 두 눈의 뚜렷이 밝은 것만을 얻고 정문頂門의 정안正眼을 열지 못하니, 대인의 면목을 안 연후에야 저의 정문 정안이 열렸음을 허락받을 것이다. 그러면 눈앞의 지은 것이 다만 이 속절없

---

4 쌍차쌍조(雙遮雙照) : 바름(是)과 틀림(非)이 쌍으로 차단하니 바름과 틀림이 동시에 빛난다. 이것을 쌍차쌍조는 곧 차조동시(遮照同時)라 한다(천태지자, 『마하지관』).

는 일이며 들은 바도 다만 이 속절없는 이름인 것이다.

야보 게송

소라 부르면 소요 말이라 부르면 곧 말이다　　　喚牛卽牛 呼馬卽馬

할머니 속옷을 빌려 할머니의 문전에 절하니　　　借婆衫子拜婆門
예의의 차림은 이것으로 이미 충분하다　　　禮數周旋已十分
대 그림자 섬돌을 쓸어도 티끌 움직이지 않고　　　竹影掃階塵不動
달빛이 못 밑을 뚫어도 물은 흔적이 없네　　　月穿潭底水無痕

함허 설의

이미 낱낱이 은산철벽銀山鐵壁과 비슷하니 어찌 기운을 낼 것인가. 소라고 부르면 소요, 말이라 부르면 곧 말이다. 진리는 본래 없으니 무無라 해도 진리의 본체本體에 어긋나지 않으며 진리란 본래 있으니 있다고 하여도 본체에 어긋나지 않는다. 문 앞 예의차림을 보라. 집의 존엄인 할머니 속옷을 빌려왔다. 붉은 순수 그 자체다. 보라 그림자가 뜰을 쓰니 티끌은 움직이지 않고, 난간 앞 대나무 춤추는 것이 노파가 춤추는 모양, 빛이 있어서 물을 뚫으니 물은 흔적이 없으니, 하늘에 있는 밝은 달빛이 빛난다. 텅 빔이냐. 가득 참이냐. 나는 결단하지 못하겠다. 그러함이 스스로다.

야보 게송

추우면 넓은 하늘이 춥고 더우면 곧 넓은 하늘이 덥다

寒卽普天寒 熱卽普天熱

아我가 있으나 본래 아가 없으니　　　　　　有我元無我

추운 때에도 부드러운 불을 지핀다　　　　寒時燒軟火

무심이 유심과 같으니　　　　　　　　　　無心似有心

半夜에 금침을 줍는다　　　　　　　　　　半夜捨金針

무심무아를 분명하게 말하니　　　　　　　無心無我分明道

알지 못하는 자는 이 누구인가　　　　　　不知道者是下人

가가　　　　　　　　　　　　　　　　　　呵呵[5]

함허 설의

본래 아我가 없는 사람이 중생을 제도하기 위하여 권위로 아我를 세웠으니, 찰 때에 연한 불이 가히 싫지 않고 안으로 고목과 같으니 거짓으로 위의를 나타낸다. 야반夜半에 바늘을 줍는 것이 이 무지無知가 아니다. 분명히 무아의 이치理致를 말하여 내니, 알지 못하는 자는 누구인가. 하하, 이것이 유아냐 무아냐, 유심인가 무심인가.

5　가가(呵呵) : 꾸짖고 꾸짖다.

망념이 모두 진眞으로 돌아가니 중생이 어찌 일찍 멸도할 것인가. 법이 공하여 아我가 없으니 보리가 본래 스스로 원성하다. 바로 연등불을 만나 수기하여 의심치 않아도 이미 내세를 격했으니, 석가불이 거듭 살펴 깨쳤다 하면 여정을 밟은 것이다. 말하라 간섭하지 않은 사람의 발꿈치가 도리어 땅을 밟았느냐. 장부는 스스로 충천하는 지혜가 있으니 여래의 행하는 곳을 향해 행하지 아니한다.

바로 가리킨 단전單傳의 밀의密意가 깊으니, 본래 부처도 아니요 또 마음도 아니다. 분명히 연등불의 수기授記[6]를 받지 않았으나 스스로 영광靈光이 있어 고금에 비친다.

함허 설의

밀의가 둥글게 성취하여 다시 구함이 없으나 스스로 영령한 빛이 고금에 빛난다.

---

6 수기(授記) : 부처가 그 제자에게 내생에 부처가 될 것이라 예언함이나 혹은 그 교설을 말한다.

일체를 일체로 보라

一體同觀

"수보리야, 너의 생각은 어떤가. 나게 육안이 있는가."

"예, 있습니다."

"수보리야 나에게 천안이 있다고 생각하는가. 나에게 혜안이 있다고 생각하는가. 나에게 법안이 있다고 생각하는가. 나에게 불안이 있다고 생각하는가."①

"예, 그렇습니다. 스승님께서는 일체를 갖추고 있습니다."

"수보리야 너의 생각은 어떤가. 내가 갠지스의 모래에 대해 말한 적이 있는가."

"예, 있습니다. 스승님.

"수보리야 네 생각은 어떤가. 한 개의 갠지스에도 널려 있는 모래가 있다면 그 모래만큼의 갠지스가 있다. 또 각각의 모래 수만큼 부처님 세계가 있다. 많지 않은가."

須菩提 於意云何 如來有肉眼不. 如是世尊, 如來有**肉眼**. 須菩提 於意云何 如來有**天眼**不. 如是世尊, 如來有天眼. 須菩提 於意云何 如來有**慧眼**不. 如是世尊, 如來有慧眼. 須菩提 於意云何 如來有**法眼**不. 如是世尊, 如來有法眼. 須菩提 於意云何 如來**有佛眼**不. ① 如是世尊, 如來有佛眼. 須菩提 於意云何 如恒河中所有沙 佛說是沙不. 如是世尊, 如來說是沙. 須菩提 於意云何 如一恒河中所有沙有如是沙等恒河 是諸恒河所有沙數佛世界 如是寧爲多不. 甚多世尊. 佛告須菩提, 爾所國土中所有衆生 若干種心如來悉知, 何以告 如來說諸心 皆爲非心 是名爲心 所以者何 須菩提, **過去心不可得 現在心不可得 未來心不可得**.②

"예, 매우 많습니다 스승님."

스승님께서 수보리에게 말씀하셨다.

"수많은 국토에 살고 있는 사람들의 이지가지 마음을 여래는 다 꿰뚫는다. 왜냐하면 여래가 말한 마음은 본래 마음이 아닌 것까지를 마음이라 한다. 그 까닭은 과거의 마음도 얻을 수 없으며 현재의 마음도 얻지 못하며 미래의 마음도 얻지 못하기 때문이다."②

보유補遺

함허 설의

제18분에서는 오안五眼을 들어 여래의 지견이 광대하고 세밀해서 모래세계와 같은 중생의 더러움과 맑음, 선함과 악함의 차별의 마음이 옳게 가리지 못하는 것을 밝힌다. 따라서 전도된 지견을 버리고 무주無住의 대도에 계합하게 하는 데 뜻을 두었다.

과거심을 가히 얻지 못하는 것은 전념의 망심이 벌써 지남에 추심하여도 처소가 없음이요, 현재심을 얻지 못하는 것은 진심이 모양이 없으니 무엇을 의빙하여 볼 것인가. 미래심을 얻지 못하는 것은 본래 얻을 것이 없으니, 습기가 이미 다해서 다시 생겨나지 않는 것이다. 이 세 마음을 얻지 못함을 요달하면 '부처가 된다' 이름한 것이다.

육조 해의

①-1 오안五眼(육안肉眼, 천안天眼, 혜안慧眼, 법안法眼, 불안佛眼)이 원명圓明하면 태양을 걸어 갠지스 모래의 세계를 비추는 것과 같고 과거심, 현재심, 미래심을 얻지 못하면 불을 밝혀 넓은 바다에서 거품을 찾는 것과 같다. 비록 여러 가지 깊은 말을 다하며 세상에 없는 것을 발동할지라도 여기에 이르러서는 망연하다. 말하라. 이 무슨 표격標格인가. 바로 千의 경론을 강하더라도 선가의 제이第二의 헤아림어 떨어진다. 마음이 다 통하여 법계에 두루하니 갠지스의 묘용이 자취가 없다.

② 과거심을 얻지 못하는 것은 전념前念의 망심妄心이 문득 지남에 미루어 찾아도 처소가 없기 때문이요, 현재심을 얻지 못하는 것은 진심眞心이 모양이 없으니 무엇을 의지하고 기대어 얻어 볼 것인가. 미래심을 얻지 못하는 것은 본래 얻을 것이 없으니, 습기가 이미 다해서 다시 낳지 않는 것이다. 이 세 마음을 얻지 못함을 요달하면 이를 '부처가 된다'고 이름한 것이다.

야보 게송

모두 눈썹 밑에 있다	盡在眉毛下
여래는 오안五眼이 있고	如來有五眼
장삼張三[1]의 눈은 오직 한 쌍일 뿐이다	張三只一雙

---

1 장삼이사(張三李四) : 장 씨의 셋째와 이 씨의 넷째 아들이란 뜻. 평범한 사람의 평범한 아들을 비유적으로 하는 말.

일반으로 고소한 것과 흰 것으로 나누어지고	一般分皂白
누가 이것을 청황으로 분별할 것인가.	的的別靑黃
그 사이 잠깐 그르친 곳은	其間些子交訛處
6월 염천에 눈과 서리가 내린다.	六月炎天下雪霜

함허 설의

여래나 장삼張三의 눈도 모두 눈썹 밑에 있다. 이미 이렇게 되었다면 그 눈의 응용함에도 역시 두 가지뿐이 아닌가. 다섯 종류의 눈과 장삼의 눈 한 쌍이 이름이 다르다고 누가 검고 흰 것을 푸른 것과 누른 것이라 말하겠는가.

봄이 오니 방초의 푸름을 같이 보고 가을이 오매 황엽의 떨어짐을 같이 본다. 부처와 사람과 다른 까닭은 치연熾然한 작용에 그 자취가 없고 자취가 없기 때문에 유월 염천에 눈과 서리가 내리는 것이다.

①-2 육안肉眼 : 일반적인 인간의 눈. 천안天眼은 원근遠近과 내외內外, 전후前後와 좌우左右, 상하上下 주야晝夜를 마음대로 볼 수 있는 눈. 혜안慧眼은 일체 현상을 무상 무주 무생 무멸로 보아 집착하지 않고 차별을 일으키지 않는 지혜, 즉 중생을 보지 않고도 모든 상이 멸해 지혜가 스스로 안에 나타나는 경계다. 성문 연각의 지혜. 법안法眼은 중생을 제도할 수 있는 능력을 가지고 있으며 불안佛眼은 우주를 환히 볼 수 있는, 보는 이도 없고 보이는 경계도 없는 경지다.

—『대지도론』 권33.

야보 게송

병이 많으면 약성을 안다   病多諳藥性

한 파도가 움직이면 만 파도가 따른다   一波纔動萬波隨

개미의 순환과 같으니 어찌 마칠 수가 있겠는가.   似蟻循環豈了期

돌   咄

오늘 그대와 같이 끊고 끊으니   今日與君都割斷

몸을 냄에 바야흐로 대장부라 부른다.   出身方號丈夫兒

함허 설의

사람들이 병이 없으면 의왕醫王에게 공수할 것이고 중생이 때가 없으면 부처가 스스로 할 일이 없을 것이다. 허망한 뜬 마음의 의시됨이 그러할 것이다. 돌! 망상의 수풀이 신령한 칼날을 받아 끊어지니 바로 본래의 마음이 나타난다.

야보 게송

소리를 낮추고 나추라 바로 콧구멍에서 기운을 낸다

                               低聲低聲 直得鼻孔裏出氣

삼제三際[2]에 마음을 구해도 마음을 보지 못하니   三際求心心不見

---

2   삼제(三際) : 전제 · 중제 · 후제로 곧 과거 · 현재 · 미래인 삼세(三世)를 이른다.

두 눈이 앞을 의지해 두 눈을 상대한다　　　　兩眼依前對兩眼

모름지기 칼을 잃고 배 만드는 것을 찾지 말라　　不須遣劍刻舟尋

눈과 달과 바람, 꽃에 항상 얼굴을 본다　　　　雪月風花常見面

함허 설의

이 마음은 삼제를 향하여 구하는데도 얻지 못하고 시방을 향해 찾는데도 자취가 없다. 나아가면 은산 철벽같고 물러서면 만길 구렁 같아서 눈을 걸 곳이 없고 다리를 내릴 곳이 없다. 만일 단지 이렇게 되면 후학이 나갈 몸의 길이 없어서 문득 육지가 그대로 꺼지는 것을 볼 것이다. 그렇기 때문에 말하기를 '소리를 낮추고 나추라 바로 콧구멍 속에서 기운이 나온다' 한 것이다.

어떻게 기운을 내는가. 삼제에 마음을 구해도 마음을 보지 못하나 두 눈이 앞을 의지해 두 눈을 직면直面한다. 그럼 두 눈이 두 눈을 상대하는 방법을 알고자 하는가. 거울 속의 옛 그림자를 보라. 모름지기 칼을 구하지 말 것이니 칼을 일찍이 잃지 않았다. 반드시 배를 조각하지 말 것이니 배를 만든들 무엇 할 것인가. 단지 저 옛 거울 속의 그림자를 어떻게 볼 것인가. 눈과 달, 바람과 꽃의 무한한 일이여 두두에 항상하여 칼이 전신에 나타난다.

월조 강해

'두두에 항상하여 칼이 전신에 나타난다'는 무엇을 말하는가. 앞 행에서 '단지 저 옛 거울 속의 그림자를 봄을, 아니 그 자체가 칼의 전신이며 글을 보고 있는 그대 자신임을 앎이 중요하다. 그럼 옛 거울 속의 확연한 그림자는 무엇인가. 눈, 달, 바람, 꽃이다. 아니 아침에 해뜨고 저녁에 해지는 것이다. 이것이야 말로 살활검의 전신이다. 졸지 말라. 악! 시방十方이 다 눈동자다.

종경 제강

세상에 없는 천 권의 경론을 강하더라도 선가의 제2의에 떨어지는 것과 같다. 다시 말하라 이것이 무슨 소리인가. 마음과 마음이 다 통하여 법계에 두루하니 갠지스 모래의 묘용은 자취가 없다.

구름이 거두어지고 강물이 담담하며,

하늘이 비어서 훤하니

명월과 갈대꽃이 한 모양 가을이다.

월조 강해

이 대목에서 『금강경』에 박통해서 주나라 금강이란 별명을 얻어 주금강이라 불리어졌던 덕산德山宣監(760~865)[3] 스님의 선화를 말하지 않을 수 없다.

나름 『금강경』에 조예가 깊었던 덕산은 남쪽의 선수행자들이 경전을

---

3 용담과 덕산의 법계 : 육조혜능(33대) — 청원행사 — 천황도오 — 용담숭신(36대) — 덕산선감 — 설봉의존 — 운문문언(운문종, 39대).

업신여긴다는 말을 듣고 자기가 주해한『금강경』소초를 매고 남쪽으로
향했다. 절 밑에 이른 덕산은 떡을 파는 노파에게 점심點心[4]을 청했다. 그
때 노파가 물었다.

“스님 등에 메고 있는 경은 무슨 경책입니까.”

“『금강경』이오.”

“그럼 제가 한 말씀 여쭙겠습니다. 스님이 대답을 시원하게 해 주시면
점심 공양을 드리지요.”

덕산이 기분 좋게 대답하였다.

“좋소, 그렇게 하지요.”

“스님, 아까 점심을 하자고 하였는데, 그럼『금강경』말씀 중 ‘과거의
마음도 얻을 수 없고 현재의 마음도 얻을 수 없고 미래의 마음도 얻을 수
없다’는 경문이 있는데, 그럼 스님은 어느 마음에 점심을 하시렵니까.”

덕산은 노파의 이 말에 말문이 막혔다. 허기진 배를 이끌고 용담산에
이른 덕산은 숭신(龍潭崇信, 미상) 선사에게 참문하여 마음을 얻게 된다.
아니 마음을 열게 된다. 용담에 올라 온 덕산은 숭신 선사에게 ‘용담 용담
하더니 용도 없고 못도 없구나’ 하는 말끝에 숭신의 ‘이미 스님은 용담에
왔소’ 하는데 또 말문이 막혔다. 밤늦게 까지 선담禪談을 하다가 잠자리에
들기 위해 방문을 열때에 숭신 스님이 등불을 불어 꺼버렸다. 칠흑漆黑, 여
기서 반대로 덕산의 마음을 열게 된다. 그 후 덕산은 자기의『금강경』소초
를 모두 불 살렸다. 뭍에 오르면 뗏목을 짊어지고 가는 사람도 있다.

---

4   점심(點心) : 절에서는 아침과 점심 두 끼를 공양하는데, 선승들이 수도를 하다가
    배가 고파 허기를 면하기 위하여 가볍게 약간의 음식 먹는 것을 점심이라 한다.

자, 이제 우리도 과거심불가득過去心不可得 현재심불가득現在心不可得 미래심불가득未來心不可得에 마음의 점을 찍자, 찍지 말라.

제19분

복덕의 실체를 보라

法界通化

"수보리야 너의 생각은 어떠하냐. 어떤 사람이 삼천대천세계가 가득 차도록 칠보로 보시한다면 이 사람은 그 인연으로 복을 많이 얻지 않겠는가."

"그렇습니다. 스승님 이 사람은 그 인연으로 많은 복을 얻습니다."

"수보리야 만일 복과 덕이 실체가 있다면 나는 복이 많다고 말하진 않았을 것이다. 복과 덕은 본래 없다. 그래서 나는 복과 덕이 많다고 한 것이다."

보유補遺

함허 설의

복이 있음은 상相이요 복이 없음은 상을 여읜 것이다. 경에서 이를 꾸짖는 것은 그 상에 머무름을 경계하기 위함이다. 또 이것을 찬

須菩提 於意云何, 若有人滿三千大千世界七寶 以用布施 是人以是因緣得福多不. 如是 世尊, 此人以是因緣得福甚多. 須菩提, 若福德有實 如來不說得福德多, 以福德無故 如 來說得福德多.

탄하는 것은 그 상을 떠남으로 나가기 때문이다.

무릇 보시를 말하는 것은 단지 경의 빼어남을 헤아릴 따름이 아니라 대개 그 상에 머무름을 꾸짖은 것임을 알라.

칠보七寶로 보시한 인연은 복 가운데서 빼어나고 무위無爲의 복덕은 빼어난 중에 가장 빼어났다. 칠보의 보시는 마음에 보시했다는 생각, 칠보의 수량이 많고 적은 데 머물게 된다. 그 수량의 한계는 본래 없다는 제법무아諸法無我의 사법인을 생각하게 한다. 이렇게 볼 때 많다는 것은 정해진 것인 바 바로 상대가 있게 된다. 진실로 많다는 것이 어떤 것인가를 말씀하는 대문이다.

육조 해의

칠보의 복이 능히 불과·보리를 성취하지 못하기 때문에 '없다' 말하고 그가 수량에 있었기에 '많다' 이름한 것이다. 만일 수량을 초과하면 곧 많다고 설하지 않았을 것이다.

야보 게송

각별히 노심하기보다 더 낫다	由勝別勞心

나한은 공양에 응함이 야박하고	羅漢應供薄
코끼리는 칠보가 진귀하다	象身七寶珍
비록 많음으로 혼탁하여 부유하더라도	雖然多濁富
어찌 적어서 청빈한 것과 같을 것인가.	爭似少淸貧

눈 감은 자는 뜻이 없음으로 인하여 얻고　　　　离婁[1]失在有心親

총명한 자는 잃은 것이 마음 둠을 친함에 있다　　　罔象[2]祇因無義待

함허 설의

단지 복을 지음만 알고 성이 공한 것을 알지 못하면 과보果報에 코끼리의 칠보가 진귀함만을 초래할 것이다. 오직 성이 공한 것은 살피고 복 지을 줄을 알지 못하는 과보에 나한이 응공이 박함을 초래할 것이다. 이것은 대도에 다 서로 계합하지 않는다. 그러나 이 둘을 헤아려보면 공을 사무쳐 본 사람과는 차이가 난다. 때문에 말하기를 '공연히 앉아 있다 이르지 말라. 오히려 특별히 마음 씀보다 훨씬 좋다'고 한 것이다.

종경 제강

보시의 인연은 사람과 하늘에 대한 유루有漏(셈이 있는)의 결과다. 무위無爲의 복덕은 성聖스러움과 통하는 공덕을 초래할 것이다. 그러나 유위가 거짓이지만 이것을 버리면 공행功行을 하지 못하고, 무위가 비록 진이지만 헤아려 의논하면 성스런 과보를 증득하기 어렵다. 그럼 말하라. 의논하지 않고 버리지 않을 때에 어떤 것이 성제의 제일의第一義인가. 달마대사가 기機를 점검 당할 때 무無라고 바로 말했으니, 확연廓然함을 양 무제가 알지 못한 것이다.

1　이루(离婁) : 사람이름, 눈 감은 자.
2　망상(罔象) : 사람이름, 총명한 자.

내 점포는 책상머리 앉아 시나 짓는

시나 쓰는

졸음 오면 남창의

햇살 내 맡기는

아내는 식기를 닦으리라

이크! 된장 냄비

넘친다

— 월조 게송, 「아내」

색과 상을 떠난 근본을 찾아라

離色離相

　"수보리야, 너는 어떻게 생각하느냐. 훌륭한 육신을 가지고 여래를 볼 수 있느냐."

　"아닙니다. 스승이시여, 여래를 보는 것은 훌륭한 육신만으로 이루어지지 않습니다. 왜냐하면 여래께서 설한 육신을 가지고 있는 것은 곧 육신을 갖추고 있는 것이 아니고 이 이름이 육신을 갖춘 것이기 때문입니다."

　"수보리야, 너는 어떻게 생각하느냐. 여래가 모든 상을 갖춘 것으로 보느냐."

　"아닙니다. 스승님, 여래는 모든 상을 갖춘 것으로 볼 수 없습니다. 왜냐하면 여래가 말씀하시기를 모든 상을 갖추고 있다 하는 것은 곧 갖춘 것이 아니고 이 이름이 모든 상을 갖춘 것이기 때문입니다."

須菩提 於意云何, 佛 可以具足色身見不. 不也世尊, 如來不應以具足色身見, 何以故 如來說具足色身 卽非具足色身 是名具足色身. 須菩提 於意云何, 如來可以具足諸相見不. 不也世尊, 如來不應以具足諸相見, 何以故 如來說諸相具足 卽非具足 是名諸相具足.

함허 설의

본체가 비어서 실함이 터럭만큼도 보이지 않으나 인연因緣에 대해서는 만 가지 형상을 드러내 보인다.

월조 강해

부처는 삼심이상과 팔십 존호를 지녔다고 경전은 기록한다. 사실 붓다의 상, 곧 불상미술이라고 칭하는 불교문화사를 살펴보면 부처의 육신이 지닌 거룩한 모습과 연결이 된다. 부처 당시 아라한이나 후대에 부처를 신봉하던 제자들 역시 부처의 실제 모습이나 불상을 통해 신심을 내어 구체적 실상에 접근하는 불교 특유의 믿음 자체는 불상이 단순한 예배 대상의 피조형물이 아니라 깨달음을 이룬 부처 자신의 인격으로 승화된 스스로의 모습인 것이다. 그러나 제행무상諸行無常이고 제법무아諸法無我[1]의 불교의 법인에 보이듯이 부처 자신의 육신도 본래 무아임을 직방으로 진술한다. 곧 고정된 법이 원래 없음을 설하고 있다.

---

1 제행무상(諸行無常)이고 제법무아(諸法無我) 불교의 기본 모트를 삼법인이라 한다. 곧 제행무상 제법무아 열반적정을 삼법인이라 하고 일체개고를 보태어 사법인이라 한다.

야보 게송

공사公事일 때는 조금도 용납 않으나 사정私情은 차마車馬도 통하네

官不容針 私通車馬
·

그대에게 청하네, 얼굴을 들어 허공을 보라　　　請君仰面看虛空

훤해 가가 없어 자취를 보지 못한다　　　廓落無邊不見蹤

만약 한 번 몸 굴러 조금 힘을 얻으면　　　若解轉身些子力

시방 물물마다 만날 수밖에 없다네　　　頭頭物物摠相逢

함허 설의

공문에는 사사로움을 용납하지 않으나 고향에서는 어찌 사정이 없을 손가.

바른 본체에서는 예부터 소리와 모양을 끊었으나 찾으면 그대는 자취를 보지 못함을 알게 된다. 깨달음의 분상에서는 한 번 몸을 구르면 시방 곳곳마다 '저'를 만나지 않음이 없다.

종경 제강

상相도 있고 몸도 있음이여! 여래의 장엄이 구족하여 손님도 나누고 주인도 나누니, 수보리가 멂踈과 친함을 알아서 말한다. 곧 손님과 주인을 다 잊고 물질과 모양을 다 여의는 것을 얻으면 어떤 것이 주인 중의 주인인가. 분명히 알면 이것이 '저'가 아니다. 단엄하고 묘호妙好한 자금신紫金身[2]을 정안正眼으로 보아 옴에 다 참되지

않는다. 묻고 답한 다정한 뜻을 알고자 하면 오온五蘊[3]이 다 텅 비어서 나도 남도 없는 것이다.

함허 설의

누가 불신을 가지고 멈과 가까움을 분별하는가. 진중하라. 수보리여, 주인과 손을 나눔이여! 손과 주인을 다 잊고 색과 상을 다 떠나니 어떤 것이 주인 중에 주인인가. 군신의 도가 합해서 친소가 끊어지니 훤하여 의함이 없어 새의 길이 아득하다. 다만 이 묘중의 묘여, 어찌 인착認着함이 생기면 머리를 돌이키매 도롱이가 먼 거리에 지나간다.

---

2 자금신(紫金身) : 모든 보살은 몸이 모두 자금색(보라색)에 삼십이상을 갖추었고 무량한 광명을 지녔다(『법화경』「종지용출품」제14).

3 오온(五蘊) : 두두물물의 물질과 정신을 나누면 오온이다. 오온은 색(色, 물질)·수(受, 느낌)·상(想, 따짐)·행(行, 행위)·식(識, 알음알이)을 말한다.

제21분

말을 여읜 말씀

非說所說

"수보리야, 너는 여래가 이렇게 생각하고 계실 것이다. 여래가 '진리의 법이 있다'고 생각한다 하지 말라. 왜냐하면 사람들이 말하길 '여래가 진리의 법 설한 바가 있다' 한다면 이는 곧 여래를 비방하게 되는 것이며 내가 말한 바를 알지 못한 까닭이다.

수보리야, 진리를 말한다는 것은 진리가 없음을 말하는 것이니 그 이름이 진리를 말하는 것일 따름이다."

그때 '혜명'① 수보리가 스승께 사뢰길

"세존이시여, 미래 세상에 어떤 중생이 있어 이 진리의 말씀을 듣고 믿는 마음을 낼 수 있겠습니까."

스승께서 말씀하셨다.

"수보리야, 저들이 중생이 아니면 수보리야, 중생이다 하는 것은 여래가 중생이 아닌 것을 이름하여 중생이라 하였을 따름이기 때문이다."

須菩提, 汝勿爲如來作是念, 我當有所說法, 莫作是念 何以故 若人言如來有所說法 卽爲謗佛 不能解我所說故, 須菩提, 說法者無法可說 是名說法. 爾時**慧命**①須菩提 白佛言, 世尊, 頗有衆生於未來世 聞說是法生信心不. 佛言, 須菩提, 彼非衆生非不衆生. 何以故 須菩提 衆生衆生者 如來說非衆生 是名衆生.

① **혜명**慧命 : 장수 건강의 형용사로 혜慧는 덕 또는 공한 지혜, 명命은 보리 곧 도의 목숨을 의미한다. 수보리가 공을 아는 지혜로 보리의 목숨을 삼는 으뜸가는 존자라는 의미다. 혜명은 한역으로는 견수見壽, 장로長老, 존자尊者, 대덕大德 등과 함께 사용된다.

함허 설의

부처가 설한 일체법은	佛說一切法
항상 맑고 절멸하니	湛然常寂滅
단지 부처의 무언을 믿으면	但信佛無言
가히 자기子期[1]가 된다 이를 것이다	可稱爲子期

야보 게송

옳기는 옳으나 대장과 소장은	是則是 大藏小藏
어느 곳에서 왔는가	從甚處得來
설이 있어도 다 비방을 하고	有說皆成謗
말이 없어도 또한 용납지 못한다	無言亦不容
그대를 위해 한 선을 통하니	爲君通一線

---

1 자기(子期) : 춘추전국시대의 초나라 사람 증자기를 말함. 백아의 거문고 소리를 알아들은 지음자로 알려졌다.

함허 설의

　법신法身은 본래 말씀함이 없고 보신報身, 화신化身은 본래 말씀함이 있다. 곧 말씀이 있는 것은 진짜 말씀이 아닌 것이다. 곧 말씀 없는 것이 참 말씀이다. 일체의 불국토佛國土엔 오직 일승법一乘法만 있으니 이 일승법을 여의고 가히 말씀할 것이 없다. 때문에 법은 가히 말씀할 것이 없다. 그래서 일승법으로 모든 중생을 열어 보인 것이다. 따라서 이 이름을 설법이라 한다. 만일 이 일승법이라 한다면 바로 이 입을 열 곳이 없지만 또 이 중생의 일용日用을 여의지 않는 것이다.

　이를진대 이러함은 중생이면서 본래불本來佛이다. 이로써 부처로써 부처를 구한다는 것은 어긋나니 불법을 믿지 않는 것이 참 믿음을 내는 것으로 이것은 법상法相이 없는 것을 쓴 까닭이다.

육조 해의

　범부의 말에도 얻는 것이 있으므로 부처께서 답하기를 '여래의 설법은 마음에 얻는 바가 없다' 하였다. 무릇 사람들은 아는 마음을 지어서 말하지만, 여래는 말씀과 침묵이 본래 그대로여서 발하는 언사가 메아리가 소리를 만나 응하여도 마음이 없어서, 생멸심生滅心을 지어 말씀함과 같지 않다 할 것이다.

야보 게송

토끼 뿔의 지팡이와 거북 털의 불자다	兎角杖龜毛拂
다년간 석마가 가느다란 빛을 놓으니	多年石馬放毫光
철우가 울부짖으며 장강에 들다	鐵牛哮吼入長江
허공이 일갈하니 자취가 없어서	虛空一喝無蹤迹
깨닫지 못한 몸으로 북두에 들다	不覺潛身北斗藏
또 말하라	且道
이것이 설법인가 설법이 아닌가	是說法 不說法

함허 설의

토각장구모불兎角杖龜毛拂은 '석가모니가 49년간 쌓은 공덕이 거북 털과 토끼 뿔이 허공에 가득하다'와 같이 읽힌다. 함허가 설의하기를 '토끼 뿔의 지팡이를 잡아 일으켜 열반문을 두드려 열고 거북 털의 불자를 세워 삼천의 공空과 가假와 중中을 떨어버린다' 하였다.

그럼 토끼 뿔과 거북 털은 무엇인가. 토끼는 본래 뿔이 없으며 거북 털 역시 털이 당초부터 없다. 또 철로 만든 소가 울부짖을 수 없으며 철로 된 소가 있다고 가정해도 장강으로 들 수 없다. 그리고 허공이 일할 한다 하니 이것 역시 가물한 세계의 소식이니 이 소식역시 종적이 있을 리 없다. 그렇다.

여기 보이는 토끼 뿔의 지팡이 토각장兎角杖, 거북 털의 불자구모

불귀毛拂이나 석마石馬, 철우鐵牛, 허공의 일할이 모르는 결에 북두에 듦은 모두 본래 없는, 당초부터 없음을 말하니, 이것 역시 보이지 않는 현상계에서는 없는 우리의 본래 고향의 소식이니 단지 그곳에 영회할 뿐이다.

야보 게송

불은 뜨겁고 바람은 움직이고	火熱風動
물은 습하며 땅은 굳은 것이다	水濕地堅
사슴을 가리켜 능히 준마라 말하며	指鹿豈能成駿馬
까마귀를 누가 이 상란翔鸞이라 말할 것인가.	言鳥誰謂是翔鸞
비록 가는 털끝만큼도 다르지 않으나,	雖然不許纖毫異
말이라 하고 나귀라 한 것이 몇 백반百般이었는가.	馬字驢名幾百般

함허 설의

어린 아이가 우물 속으로 들어감을 보고 다 슬피 여기니, 가히 하늘과 땅에 조어사라 칭할 것이다. 비난하는 소리가 귀에 들리면 듣고 모두 노하니, 이는 성인이라는 이름을 듣기가 어렵다. 곧 범부인가 성인인가 가늠하기가 어려울 것이다. 비록 이 같으나 범부는 범부위凡夫位에 머무르고 성현은 성현위聖賢位에 머무르니 범부와 성현의 길이 다르다. 혼합할 수 없는 것이다.

도척盜跖[2]은 문왕과 탕왕이라 호칭하는 것은 온당치 않으니, 누가 파순波旬[3]을 불러 모니牟尼라 이름 하리오. 비록 이치 위에는 원융하여 둘이 없으나 성현과 범부의 이름이 다름을 알 것이다.

종경 제강

여래께서는 설한 바가 없으니 자은慈雲과 감로甘露의 뿌림이 안개처럼 몽몽하고, 수보리慧命가 일찍 듣지 못하니 명월과 청풍이 이미 적적하다. 이러할 때 말해 보라. 이 무슨 경계인가. 무간업無間業을 얻지 않으려면 여래의 정법륜正法輪을 비방하지 말 것이다.

도는 원래 말이 없어 불려서 깨우치지 못하고, 병에 약을 쓰고자 하는데 금화[4]로 인해 나타난다.

가련한 억만의 인천중人天衆이 황엽黃葉이 필경 금전金錢이 아님을 알지 못한 것이다. 만일 하늘과 인간이 본심을 알았으면 어찌 미혹하게 귀를 기울여 들었을 것인가.

함허 설의

여래의 말없는 말씀은 산에 나는 구름 같아서 마음 없고, 혜명 수보리의 들음 없는 들음은 바람과 달이 둘 다 그러함이다. 도는 본래 말이 없어서 항상 적적하니 길상吉祥[5]이 여자들은 깨우치기 어렵

---

2 도척(盜跖) : 중국 춘추시대 큰 도적.
3 파순(波旬) : 욕계 제6천의 임금인 마왕의 이름. 항상 악한 뜻을 품고 나쁜 법을 만들어 수도자를 괴롭히고 불법의 명맥을 끊는다고 한다.
4 금화 : 금병(金瓶). 중국의 고대 금화.
5 길상(吉祥) : 문수보살의 다른 명칭이다. 산스크리트어 Manjushri(만주슈리)의 음사로 문수사리, 문수시리이다. '만주'는 '달다, 훌륭하다'는 의미고 '슈리'는 '길

다. 부처가 중생을 구제하기 위하여 진에 나셨지만 설리 선양함이 본심이 아니었다. 가련하다! 억만의 인천중 황엽이 금전이 아님을 알지 못한 것이다. 만일 사람과 하늘이 본심을 알았으면 어찌 귀 기울여 들었을 것인가.

상(吉祥), 복덕(福德)’의 뜻이다.

얻은 바도 얻지 못함도 없다

無法可得

수보리가 스승께 여쭈었다.

"스승님, 스승님께선 체달하신 깨달음이 없는 것입니까."

스승께서 말씀하셨다.

"그렇다 수보리야, 나는 스스로 그 꺼달음은 전혀 고정된 어떤 법을 얻었다고 할 수 없다. 그것이 깨달음이다."

보유補遺

함허 설의

위에서는 중생이 중생이 아니라 이르고, 이제는 부처님의 얻음이 없는 것을 말하니, 대개는 보리는 중생과 부처가 평등히 본래 가지고 있다. 이 가운데 당연히 범부며 성인이, 얻음이 있고 얻음이 없음을 분별하지 못한다.

復此須菩提, 是法平等無有高下 是名阿耨多羅三藐三菩提, 以無我無人無衆生無壽者 修一切善法 卽得阿耨多羅三藐三菩提. 須菩提, 所言善法子 如來說卽非善法 是名善法.

수보리가 말하기를 '얻은 바 마음이 다한 것이 보리'라 했는데 부처가 말씀하기를 "그렇고 그렇다. 내가 보리에 실재로 기쁘게 구하는 마음이 없으며 또한 얻은 바 마음이 없으니 이와 같기 때문에 아뇩다라삼먁삼보리가 된다 이름한 것"이다.

야보 게송

사람에게 구하는 것은 자기에게서 구함만 못하다   求人 不與求自己

물방울이 얼어 얼음 됨은 진실로 있으니   滴水成氷信有之
버들의 푸름과 꽃다운 풀의 색이 울창하다   綠楊芳草色依依
가을 달 봄 꽃의 한없는 뜻에   秋月春花無限意
자고새의 울음을 한가히 듣는 데 방해가 없다   不放閑聽鷓鴣啼

함허 설의

날은 따뜻하고 바람은 부드러워 산천이 다투어 좋다. 검고 누른 것이 판별되고 흑과 백이 분명하니 이러하면 가을 달, 봄 꽃의 무한한 일에 각각 스스로 무한의 뜻이 있는 것이다. 일과 일이 낱낱이 천진天眞이어서 붙는 데마다 가히 본뜻을 밝힌 것이다. 푸른 대와 누런 꽃 가를 향해 이 일을 밝혀 얻으며 꾀꼬리의 울음과 제비의 말을 향해 이 일을 밝게 얻는다. 한 번 보고 한 번 듣는 데 이르러도 낱낱이 슬기를 발하는 시절이며, 한 색 한 향이 낱낱이 나의 활안活

眼[1]을 열게 하는 것이다. 모름지기 산승이 법상에 오르지 않았는데 풍경이 이미 지껄임을 믿을 것이다.

종경 제강

법을 가히 얻음이 없는 것이 이 아뇩다라삼먁삼보리의 이름이며, 도를 가히 전함이 없는 것이 바로 열반 정안을 가리킨 것이다. 다만 없지만 없는 것이 없으며, 전하지만 전하는 것이 없는 것 이것이 무슨 종지宗旨[2]인가. 삼현三賢이 오히려 이 뜻을 밝히지 못하니 십성十聖이 어찌 스스로 이 종宗에 이를 것인가.

예부터 말하지 않았으며 또 전하지도 않았다. 많은 생각이 간섭하면 곧 문이 막힌다. 말하는 것과 침묵하는 것과 무無와 유有를 다 없애면 영산靈山에 홀로 앉아 있을 것이다.

함허 설의

이 종은 본래 남이 없으니 마음을 내면 곧 빗나간다. 유심과 무심을 다 없애버리면 비고 빈 한 영대靈臺만 남아 있겠다.

---

1 활안(活眼) : 사리를 밝게 밝히는 눈.
2 영산(靈山) : 영취산(靈鷲山) 혹은 영축산의 준말. 산스크리트어 'Gijjha-kūta'이며 기사굴산(耆闍崛山)으로 음역되었다. 왕사성 동북쪽에 있는 산이다. 'Gijjha'는 '독수리'이고 'kūta'는 '정상', '봉우리'의 뜻이다. 대승경전의 하나인 『법화경』이나 『무량수경』이 이곳에서 설법되었다고 전한다.

월조 강해

0, Zero의 발견, Śūnya의 발명은 수학상, 생물학상, 철학상, 과학적인 근본 원리를 숫자로 담는 데 지대한 공로功勞를 가져온다. 오늘날 쓰이는 0은 인도인의 발견으로부터 비롯된다. 이 0의 발견은 우리에게 마이너스의 세계를 표현하게 해주고 상상하게 해준다. 수보리가 스승 붓다에게 '깨달음이란 없는 것입니까' 하는 물음에 '나에겐 깨달음은 미세微細하게나마 없고, 아니 전혀 있지 않기 때문에 어떤 소득을 얻었다고 할 수 없다'고 설하신다. 이 의미는 Śūnya, 공, 무, 무아의 말씀인 동시에 무아행無我行이다.

그리고 붓다께서 약 BC 6세기, 슈나를 말씀하고 천 년이 흐른 후, 인도인들은 0을 인식하였고, 그리고 100년 후인 AD 600년경에 숫자를 1, 2, 3, 4, ……로 말하지 않고, 0, 1, 2, 3, ……로 표시하기에 이르렀다 한다. 곧 현상의 1, 2, 3, 4, ……가 0의 발명으로 -1, -2, -3, -4와 같은 보이지 않는 이면의 세계의 기록이 가능해졌다 할 것이다. 이것은 '미세하게나마 어떤 정해진 법을 깨달았다'면 그러한 0의 개념이 성립하지 않음이 명백하다. 이러한 것은 고정된 진리가 존재하지 않는다는 연기법, 무시이래無始以來의 무아사상無我思想을, 사차원을 우리 인류에게 보여준 쾌거 중 쾌거라 할 수 있다.

우린 늘 있는 것만 사랑했네

눈에 닿는 것

귀에 닿는 것

코에 닿는 것

혀에 닿는 것

몸에 닿는 것

이 모든 것은 알음알이로

우리가 있네

바다 밑 진흙소가 하늘 위

나무까치 아니

토끼 뿔 거북 털 돌 여자 아니

귀에,

코에,

혀에,

몸에 오지 않는 걸

눈에 닿지 않는 걸

쉬고 쉬어 흐르듯 흐르는 저

현빈(玄牝)의 0은 0을 들고

— 월조 게송, 「현빈(玄牝)」

마음을 맑게 하여 착함을 행하라
淨心行善

> "다시 수보리야, 높고 낮음이 없는 이 평등한 법은 이름 하여 아뇩다라
> 삼먁삼보리다. 나도 없고 남도 없고 중생도 수자도 없는 마음으로 일체
> 의 착한 법을 닦으면 곧 아뇩다라삼먁삼보리를 얻으리다.
>
> 수보리야, 이른바 착한 법이란 것은 여래의 말씀한 그것이 곧 착한
> 법이 아니고 그 이름이 착한 법이다."

보유補遺

함허 설의

부처가 공생空生 수보리에게 물음으로 인하여 생과 생 아님이며
부처 또한 얻음이 없는 것으로 답한다. 이에 이 법은 평등하여 높고
낮음이 없는 것이다 말씀하셨고, 이름이 아뇩다라삼먁삼보리라 하
신 것이다. 생生이 비생非生하면 부처와 다르지 않고 부처가 얻음이

復此須菩提, 是法平等無有高下 是名阿耨多羅三藐三菩提, 以無我無人無衆生無壽者
修一切善法 卽得阿耨多羅三藐三菩提. 須菩提, 所言善法子 如來說卽非善法 是名善法.

없으면 중생과 다름이 없어 이름이 평등하고 고하高下가 없는 것이다. 앞에서는 얼음이 없음을 말하고 여기서는 얼음을 말한 것은 어찌 함인가. 앞에는 본유本有만 밝혀서 굴하지 않게 하고 이 분에서는 신훈新熏[1]을 밝혀 모든 성에 고루 나누게 하니, 만일 본유만을 믿고 신훈으로 훈하지 않으면 구슬을 가지고 걸식을 행해 길이 윤회에 처할 것이다

곧 평등한 이치를 얻으면 무아로 선법善法을 닦으니 선법이 선법이 아님을 밝힌다. 악惡과 더불어 본성本性은 다름없으니 이 이름이 선법이라 하신 것이다.

육조 해의

보리의 법은 위로는 모든 부처에 이르고 아래로 곤충에 이르기까지 다 종지種智[2]를 포함해 부처로 더불어 다르지 않다. 때문에 '평등해서 고하가 없다'고 말한 것이다.

야보 게송

산은 높고 바다는 깊어라	山高海深
해는 뜨고 달은 넘어가니	日生月落

---

1 신훈(新熏) : 종자식이 일어나는 것을 말한다. 곧 아뢰야식 중에 선천적으로 존재한다는 본유설과 후천적으로 현행의 제법에 훈습하므로 일어난다는 신훈설이 있다. 이 둘이 합해서 일어난다는 신구합병설이 있다. 법상종에서는 제3설을 정설로 본다.
2 종지(種智) : 근본 지혜.

승은 승이요 속인은 속인이다   僧是僧兮俗是俗

기쁘면 웃고 슬프면 곧 울 뿐이네   喜則笑兮悲則哭

이를 잘 참구하고 살피면   若能於此善參詳

66은 예부터 36이다   六六從來三十六

함허 설의

소위 평등을 어찌 산으로 평을 말하기 위해 못을 메우며, 학의 다리를 베어 오리를 이은 후에 그러하다 하겠는가. 긴 것은 그대로 긴 것이고 짧은 것은 그대로 짧은 대로, 높은 것은 높은 대로 낮은 것은 낮은 그대로 놔두는 것이다.

기쁨을 참아 울 필요가 없으니 그 흐름에 따라 본성을 알면 저마다 본래 평등하다.

야보 게송

얼굴 위에는 대를 낀 복숭아 꽃이요   面上夾竹桃花

뱃속엔 하늘에 다다른 가시다   肚裏侵天荊莉

악이 악이 아니며 선을 쫓는 것이 선이 아니다   是惡非惡 從善非善

장군은 명부命符를 쫓아 행하고 병졸은 인印을 따라 옮긴다

將逐符行 兵隨印轉

어떤 때는 묘고봉妙高峯[3]에 홀로 섰더니   有時獨立妙高峯

문득 염라전閻羅殿에 와 홀로 앉는다   却來端坐閻羅殿

| 인간을 다 보고 점두하니 | 見盡人間祇點頭 |
| 대비大悲의 손과 눈이 방편이 많다. | 大悲手眼多方便 |

함허 설의

선이냐 악이냐. 악이라 해도 악이 아니며, 선이라 해도 선이 아니다. 선과 악의 본성本性이 다르지 않으니 벼리를 들면 서로 따라온다. 열반과 생사의 두 길에 소요해서 비록 화함이 없는 것을 아나, 항상 변함을 넓힌다.

종경 제강

법에는 높고 낮음이 없기 때문에 저 불諸佛의 마음엔 중생이 때때로 성도하고, 상相이 나와 남을 떠났기에 중생의 마음속에 제불이 생각마다 진眞을 증득한다. 이르기를 '염불이 참선을 막지 않으며 참선이 염불을 막지 않는다' 하니 염念하지만 염하지 않으며 참하지만 참하지 않는다. 이런 곳에 이르러 본지풍광本地風光을 골마다 밝히고 유심정토唯心淨土를 요달해 개천과 산이 비록 다르나 구름과 달이 이 같은 것이다. 말하라.

산山꽃은 비단 같고 물은 쪽빛 같으니 전삼삼 후삼삼을 묻지 말지이다. 마음과 경계가 훤해서 피차를 잊으니 대천사계大千沙界를 다 포함한다.

3　묘고봉(妙高峯) : 수미산 정상의 도리천을 말함.

함허 설의

이 종지는 본래 남이 없으니 마음을 내면 곧 어긴다. 유심과 무심을 다 없애버리면 비고 빈 한 영대靈臺만 있을 것이다.

가야의 소식이라고. 이것 차 한잔에 옛길이 있는가

열림에 있는지 생각지 마소 이 또한 묻지 마소, 이제

불타는 작두 먹고 걸으리 그대 비틀비틀 걷지는 마소

— 월조 게송, 「점두(點頭)」

복과 지혜는 비유되지 않는다

福智無比

> "수보리야, 어떤 사람이 수미산 만한 보석을 통째로 준다 해도, 또
> 다른 사람이 이 반야바라밀경이나 아니 사구게만이라도 받아 지녀 읽고
> 외우고 이웃을 위해 설한다면, 재물을 보시한 것과 비교가 되지 않을
> 것이다."

보유補遺

월조 강해

이 분分은 부처의 교설의 중요성을 설하신 것이다. 바로 교설이란
부처의 깨달음의 자체임을 우리는 인지해야 한다. 때문에 불교란 이
름을 얻게 된다. 돌이켜 보면 부처의 말씀이 지구촌 곳곳에 미친 영
향은 이루 말할 수 없다. 이 분分에 말씀은 바로 부처의 한없는 심심

須菩提, 若三千大天世界中 所有諸須彌山王如是等七寶聚 有人持用布施, 若人 以此般
若波羅蜜經 乃至 四句偈等 受持讀誦爲他人說, 於前福德百分不及一 百千萬億分乃至
算數譬喻 所不能及.

미묘甚深微妙한 지혜를 느끼게 한다. 우리에게 주는 지혜, 그로 인한 에너지와 그 힘에서 얻는 평상심은 수미산더미와 같은 보배와 비견될 수 없다. 아무리 많은 보배가 있다 해도 유한한 복은 부처께서 우리에게 베푼 깨침이 주는 영원한 지혜와는 비견될 수 없다. 이 경전의 일부라도 이웃을 위해 설하고 그것이 초발심이 되어 우리 각자가 간직하고 닦는다면 한량없는 자유인이 되기 때문이다.

함허 설의

말씀을 호지護持하며 보시를 애써 행하는 것과 같지 않은 이유는 단지 '돈頓'과 '점漸'에 있는 것이다持經行施 功行 不等 所以不等 只在頓漸.

육조 해의

육조는 '무한정하고 무한량한 보시를 하여 수미산 더미와 같은 복덕을 쌓더라도, 단지 '마하반야바라밀다' 경문은 적고 짧으나 이것이 끝내 깨달음으로 인도하여 성불을 이룰 것이기 때문이다. 따라서 이 말씀의 복덕은 중생으로 하여금 보리를 증득하게 하는 것이니 비교하게 됨은 옳지 않다' 할 것이다.

야보 게송

천개의 송곳으로 땅을 찌르는 것이 千錐劄地

둔한 삽으로 한 번 누르는 것만 못하다 不如鈍鍫一捺

함허 설의

무명이 굳고 두터운 것이 오히려 지애地礙[1]와 같다. 점점 끊고 다 없애는 것이 천 개의 송곳으로 한 번 누르는 것과 같다. 칠보의 보시는 단지 간탐慳貪[2]만을 건네고, 반야의 지혜는 바로 무명을 건네니 돈頓(몰록)과 점漸(차츰)이 아주 달라 우열이 드러난다.

월조 강해

돈頓의 한글역은 흔히 몰록이다. 몰록은 중세고어로 공간적으로 '몽땅'의 '몰속'과 시간적으로 '갑자기'의 '모른기'가 합성되어 몰록이 되었다.

만법이 자심에 있음이니 어찌 자심 가운데로 쫓아 몰록 진여자성을 보지 못하는가.　　　　　　萬法盡在子心 何不從自心中 頓見眞如本

달마문하에 전전展轉히 서로 전하는 것이 선이라 하시니 곧 **몰록** 깨닫고 점점 닦는 의가 수레의 두바퀴와 같다.

達磨門下 展轉相傳者 是此禪也 則頓悟漸修之義 如車二輪
— 탄허, 「수심결」, 『보조법어』, 도서출판 교림, 1982, 96쪽

종경 제강

복이 삼천과 같으니 수미須彌의 칠브를 보시하고 경의 사구를 가

1 　지애(地礙) : 땅의 방해.
2 　간탐(慳貪) : 아끼는 욕심.

지니 지해智海의 명주明珠를 비춘다. 능히 식식識의 물결로 하여금 맑게 하고 문득 하늘로 하여금 밝음을 여니 큰 자비로 널리 건져서 넓은 이익이 가가 없다. 야반에 정명正明함은 도리어 어느 곳에 있는가. 삼신三身[3] 사지四智[4]의 체중에 뚜렷하며 팔해八解와 육통의 심지에 인因이다.

보배를 무진장 모아 세어도 다하지 못하나 도리어 우러른 화살로 허공을 쏜 것 같다. 사구를 꿰뚫고 삼제를 초월하면 이승지의 만 배의 공보다 절승하다.

함허 설의

보배를 보시하면 복이 무변하지만 화살을 공중에 쏘는 것 같아 극하면 도리어 떨어진다. 경을 가지면 지혜가 이에 밝아 여주가 홀로 창해에 빛나는 것 같다. 지혜가 밝으면 이치가 이미 나타나 자비의 이로움이 가가 없으니 심지엔 자비의 꽃이 빼어나고 서리의 밤엔 달이 정히 밝다. 말하라. 야반의 정명이 도리어 어느 곳에 있는가.

달이 찬 연못에 떨어지니 가히 잡을 것 같으나 손을 펴 잡으려 하지만 잡지 못한다.

화상이 베푸신 지혜의 은혜를 잊지 못합니다 　　　　不忘和尙施慧恩

3　삼심(三身) : 법신, 보신, 화신.
4　사지(四智) : 성소작지(成所作智), 묘관찰지(妙觀察智), 평등성지(平等性智), 대원경지(大圓鏡智).

이 무엇인가.　　　　　　　　　　　　　　　　　　　是甚麽

악!　　　　　　　　　　　　　　　　　　　　　　愕!

단지 내게 법을 설해주지 않음을 공경합니다　　　只敬不爲我說破

― 월조 게송, 「백배(百拜)」

제25분
무엇을 설할 것인가 /
교회^{敎化}해도 한 것 없다

化無所化

"수보리야, 네 생각은 어떠하냐. 너희들은 여래가 '내가 반드시 중생을 제도할 것이다'라고 말하지 말라. 수보리야 이같이 생각을 해서는 안 된다. 왜냐하면 여래가 제도할 중생이 없기 때문이다. 만일 여래가 제도해야 할 중생이 있다는 생각은 바로 아상我相·인상人相·중생상衆生相·수자상壽者相이 있어서다.

수보리야, 여래가 아我가 있다는 것은 곧 아我가 있지 않음이니 범부들이 아我가 있다고 하는 것이다. 수보리야 범부란 여래가 설한 범부가 아니라 그 이름이 범부인 것이다."

보유補遺

함허 설의

중생이 본래 성불 자체이니 부처가 중생을 제도하지 않는다.

須菩提 於意云何, 汝等勿爲如來作是念 我當度衆生. 須菩提 莫作是念, 何以故 實無有衆生 如來度者, 若有衆生如來度者, 如來卽有我人衆生壽者. 須菩提, 如來說有我者 卽非有我, 而凡夫之人 以爲有我. 須菩提, 凡夫者 如來說卽非凡夫 是名凡夫.

무엇 때문에 이러한가. 진여법계 속에는 중생과 부처가 없고 평
등성 중에는 자타가 없으니 제도할 것을 본다는 것은 곧 바로 동시
에 자와 타를 이룬다. 어찌 여래가 나와 남이 없다 말할 수 있겠는
가. 비록 아가 있다 이르나 아의 성이 본공本空한데 범부가 알지 못
하고 아가 있음을 삼으니, 이를 범부라 말해도 범부의 상이 본래 적
멸하다. 범부의 상이 적멸하기 때문에 범부가 아니라 설한 것이다.
따라서 전념의 깨닫지 못함을 범부라 이름할 뿐이다. 곧 후념이 깨
달음을 범부가 아니라 설한 것이다.

육조 해의

수보리가 생각하기를 '여래가 중생을 제도하는 마음이 있다' 했
는데 부처가 수보리의 이 같은 의심을 털어주기 위해서 '이런 생각
을 짓지 말라' 하신 것이다. 일체 중생 그대로 부처인 것이다. 만일
여래가 '중생을 제도해 성불했다' 하견 곧 망어가 되는 것이다. 곧
이 망어는 아我·인人·중생衆生·수자壽者가 스스로 되는 것이니
이것은 '아'라는 생각을 보내기 위한 것이다. 그럼 무엇을 의지하
여 수행에 불도를 얻어 성취할 것인가.

여래께서 '아我가 있다' 설한 것은 이 자성이 청정한 상락아정常
樂我淨의 '아'요, 범부의 탐진무명貪瞋無明한 허망불실한 '아'와는 같
지 않다. 이런 까닭에 범부들이 '아가 있음 된다' 말한 것이다.

야보 게송

> 봄 난초 가을 국화가 각각 꽃다운 향기를 낸다　春蘭秋菊 各自馨香

> 동서남북으로 칠보를 행하니,　　　　　　　　　生下東西七寶行
>
> 사람사람 코가 바로 서고 두 눈썹 옆으로 비꼈다.　人人鼻直兩眉橫
>
> 아기의 말소리 기쁨과 슬픔이 서로 같으니　多啊悲喜皆相似
>
> 저러할 때에 누가 존당에 물을 것인가　　　那時誰更問尊堂
>
> 도리어 기억해 두느냐　　　　　　　　　　還記得在麽

함허 설의

십류의 중생十類衆生[1]과 시방의 부처가 더불어 일시에 성도하고 시방불이 십류중생으로 더불어 같은 날 열반하니, 중생과 부처의 상이 본래 공적하여 능히 제도하는 것과 제도 받는 것이 또한 마땅하다. 주관적인 제도와 객관적인 제도가 이미 마땅하면 '아我'와 '인人'의 상이 어찌 있을 것인가. 때문에 석가도 눈이 옆으로 있고 코가 바로 서며, 사람들도 또한 옆으로 하고 코가 바로 선다. 모두 상적광토常寂光土에 살아 무생법락無生法樂을 받을 것이다.

석가가 어머니 태에서 나매 두루 칠보를 걷고 사람사람이 모태

1　십류중생(十類衆生) : 과거 생에 지은 선악에 따라 금생에 몸을 받을 때 아홉가지 형태로 태어나게 되는 중생의 모습을 말한다. 곧 태생·난생·습생·화생·몸이 있는 것, 몸이 없는 것, 생각이 있는 것, 생각이 없는 것, 생각이 있는 것도 아니고 생각이 없는 것도 아닌 것을 말한다. 우리나라에는 구류중생을 말하지만 중국에서는 십류중생을 쓰고 있다. 이것은 마지막 생각이 없는 것도 아니고 생각이 없는 것도 아닌 것을 구별하기 때문이다.

에서 나매 눈이 옆으로, 코가 바로서니 다다^{哆哆}, 화화^{啝啝}(어린 아이
의 말)하며 겸해서 슬프고 기뻐하니 인가人家의 어린아이는 다 서로
같다. 성을 본래 신기하게 알아 스스로 그와 같으니, 누가 존당을
향해 어떠한 것을 물을 것인가. 마음을 기울여 토로해서 그대에게
알게 하노니, 묻겠다. 그대는 이에 알아서 기록하느냐 못 하느냐.

야보 게송

전념은 중생이요 후념은 부처이니	前念衆生後念佛
부처와 중생 이 무슨 물건인가.	佛與衆生是何物
삼두육비三頭六臂[2]를 나타내지 않아도	不顯三頭六臂
도리어 능히 숟가락 잡으며 젓가락 놓는다	却能拈匙放筋
어떤 때는 술에 취해 사람을 꾸짖다가	有時醉酒罵人
문득 향을 피우고 절을 한다	忽爾燒香作禮
손에는 깨진 사분을 잡고	手把破砂盆
몸에는 나금기羅錦綺[3]를 입는다	身披羅錦綺
모양을 짓는 것이 백천 가지지만	做模他樣百千般
문득 코를 이끌어 오면 오직, 너다.	驀鼻牽來祇是你
오호라	咦

2 　삼두육비(三頭六臂) : 머리가 셋, 팔이 여섯인 사람. 힘이 센 사람을 일컫는다.
3 　나금기(羅錦綺) : 비단 옷.

함허 설의

　전 생각이 망념을 일으킴에 뒷생각이 곧 깨닫고, 전념이 붙어着 있음에 후념이 곧 떠나니 허망함을 도리어 깨달으며 착념을 문득 여읜다. 성인이 되느냐, 범부가 되느냐. 선인가 악인가. 정당함을 얻지 못한다.

　능能도 아니며 불능도 아니며, 선도 아니며 불선不善도 아니며 귀貴도 아니고 귀 아닌 것도 아니다. 귀천貴賤·선善·악惡·능부能否는 다르나 정안正眼으로 보니 오직 이 사람이다.

종경 제강

　무아無我, 무인無人으로 중생이 스스로 정각을 이루고, 불생, 불멸해서 여래가 범부가 아니라 설하니 비록 일이 분명하나 어찌 기機를 당하여 그릇 갈 것인가. 옛날에 한 스님이 취암翠巖[4]에게 묻기를 '불노환 한 알이 철에 점點[5]하면 금이 되며, 지극한 이치의 한 말이 범부를 굴려 성인聖人을 만든다 하니 학인이 올라와 스님이 일점一點 하십시오' 했다. 스승이 점하지 않겠다 하니 '스님은 왜 점하지 않으십니까' 했다. 스승이 말하기를 '네가 범과 성에 떨어질까 두려워서다' 했으니 말해 보라. 범성에 떨어지지 않는 사람은 어떤 눈을 갖추었는가. 바로 넉넉히 성聖의 앎과 범凡의 정이 다하여도 눈을 열매 여전히 꿈속에 있다.

4　취암(翠巖) : 송대의 종열 선사.
5　점(點) : 가리키다, 수긍하다, 점찍다의 뜻.

피안에 다다르는데 예부터 배를 쓰지 않으니, 훤한 대도가 장안에 통한다. 그렇게 마침이 원래 저를 인연해 깨달은 것이 아니니, 면목이 분명하여 다 일반이다.

함허 설의

부처가 중생을 제도하는 것이 아니고 중생 스스로 정각을 이룬 것이다. 중생상이 적멸하다. 여래가 말하기를 범부가 아니라 했다 해도 알지 못하는가. 취암이 일찍이 점하지 않는 것은 범성의 길에 떨어질까 두려워해서였다. 말하라. 범성에 떨어지지 않는 사람은 무슨 눈을 갖추었는가. 바로 범성의 길에 떨어지지 아니함은 오히려 갖춘 눈에 있지 않은 것이다.

깨치면 방편을 지킴이 마땅치 않으니 어찌 다시 저를 좇아 장안을 물을 것인가. 일로의 활로活路가 활 줄 곧음과 같으니 천성千聖이 다 이 길을 좇아 돌아간다.

월조 강해

육조가 이르기를 '이런 생각을 하지 말라' 하는 것은 만약 여래가 중생을 제도한다는 마음이 있다 한 생각과 말의 부정을 말한다. 곧 '여래가 중생을 제도하여 성불成佛하게 했다' 하면 함이 있는 것이어서 망어妄語가 된다. 우리는 '중도를 정등각'했다는 『초전법륜경』의 말씀이 무아無我임을 자각하여야 한다, 이것은 오직 이 일구 반야바라밀다의 깨침에 있다 할 것이다. 이것과 저것과 나와, 나와 저것이 이것임을 알 뿐이다.

그럼 이것은, 저것은, 나는, 모두 어디에 있는가, 없는가. 무아다.

봄의 난초와 가을의 국화	秋菊春蘭
각각 스스로 침묵하네	各自黙黙

— 월조 착어

이어 이르기를 아기 부처가 탄생하자마자 사방으로 두루 일곱 걸음을 걷듯이 사람마다 코가 삐죽하고 두 눈썹이 가로로 비꼈다. "엄마어 — 아아빠 —" 슬픔과 기쁨은 다름없으니 저러 할 때에 누가 있어 존당尊堂에 여쭐 것인가. 되돌아 기록하여 얻을 것인가. 머물지 말라.

또 함허가 설의하기를 귀천貴賤·선악善惡·능부能否·생사生死는 다르지만 혜안慧眼으로 보면 오직 한 사람이고 한 마음이다. 그렇다. 우리 모두 목마르면 물마시고 젓가락 놓으면 숟가락 들고 염천炎天에는 시원한 바람을 그리워하듯이 스스로 당연한 것이, 이것이다. 바로 붓다가 우리를 제도하는 것이 아니라 스스로 정각을 이루고 정각되어 있는 것임을 알며 그뿐이다.

육조는 사상四相 즉 아상我相, 인상人相, 수자상壽者相, 중생상衆生相이 없음을 다음과 같이 설명한다.

무아無我 즉 아상이 없음은 느낌작용受, 인상작용想, 행위行, 아름알이識가 없다는 것이다. 인상에 없다는 것은 사대四大는 본래의 것

이 아닌 까닭에 마침내 지地·수水·화火·풍風으로 돌아간다는 것
이고 중생상이 없다는 것은 생멸하는 마음이 없음을 이른다. 그리
고 수자상이 없다는 것은 내 몸이 본래 없는데 수명이란 있지 않음
을 말한다. 사상이 없으니 법안이 밝고 툭 터져 유 / 무 두 가지 변
견邊見에서 벗어나 스스로의 마음이 본래 부처임을 깨닫는 까닭에,
복이 끝없음을 얻게 된다.

법신은 존재가 아니다
法身非相

"수보리야, 너는 삼십이상으로써 여래를 볼 수 있다고 생각하느냐."

"그렇습니다. 삼십이상으로 여래를 볼 수 있습니다."

다시 스승께서 말씀하시기를

"수보리야, 삼십이상으로 여래를 본다면 전륜성왕도 여래겠구나."

"세존이시여, 제가 부처님이 설하신 뜻을 아는 바로는 응당 삼십이상으로 여래를 볼 수 없습니다."

이때 세존께서 게를 송(誦)하셨다.

만일 모양으로써 나를 보거나	若以色見我
음성으로써 나를 구하면	以音聲求我
이 사람은 사도(私道)를 행해	是人行私道

須菩提 於意云何 可以三十二相 觀如來不. 須菩提言, 如是如是以三十二相觀如來. 佛言 須菩提, 若以三十二相觀如來者, 轉輪聖王卽是如來. 須菩提白佛言, 世尊, 如我解佛所說義 不應以三十二相觀如來. 爾時世尊 而說偈言.

若以色見我
以音聲求我
是人行邪道
不能見如來

보유補遺

월조 강해

　위의 게는 『금강경』의 사구게 중 가장 명구이다. 지금까지의 논리가 명쾌하게 축약된, 형상이나 개념을 뛰어넘어 언어도단하고 심행처멸한 직관의 경지를 표현하고 있다. 이런 표현이 선가禪家에서 주로 나타나는데 이것이 『금강경』이 선종禪宗의 소의경전이 되었을 것이다. 곧 있는 그대로 점두함이 실상이다, 다시 한번 금강경 도처에 깔려 있는 경구를 읽는 이것이다.

　'실상은 실상이 아니라 그 이름이 실상이다世尊是實相者 卽是非相 是故如來說名實相' 하는 경구의 의미는 마음에 얻은 바가 있다면 곧 실상이 아니기 때문이다. 양 변견, '이것이다 저것이다'에 치우쳐 청정심이 무너지면 실상이 아니다.

　여래와 전륜성왕이 그 상으로는 티끌만큼도 차이가 없다. 그러나 증득을 논하면 하늘과 땅과 같은 차이가 있다. 전륜성왕도 여래와 같은 삼십이상을 갖추었으나, 더욱 중요한 것은 상에 있음이 아니라 삼십이상의 실상, 곧 삼십이상의 청정행淸淨行을 갖추고 그 청정행으로 일체 만물과 회통하고 융섭함, 이것이기 때문이다. 그럼 실상은 어디로 갔는가.

삼십이상, 부처의 몸에 갖춘 삼십이 표상. 이 상을 갖춘 이는 세속에 있으면 전륜성왕이 되고 출가하면 부처가 된다고 한다(『중아함경』 11 「삼십이상경」).

마음의 출가가 문제다. 마음 자체가 삼십이상마다 하나하나 청정행의 당초當初고 청정행이다.

야보 게송

그릇 쳤다 　　　　　　　　　　　　　　　　錯

진흙으로 만들고 나무로 다듬으며 　　　　泥塑木雕縑綵畫
청색을 칠하고 녹색을 발라 금장식하나 　　堆靑抹綠更粧金
만일 이것을 가져 여래의 모양이라 　　　　若將此是如來相
나무 관세음보살을 웃게 할 것이다 　　　　笑殺南無觀世音

함허 설의

몸이 부처가 아니요 음성도 또한 그러하다. 상으로써 여래를 본다 하니 '그르쳤다' 한 것이다. 상에 집착하고 정에 집착하여 본다는 것이, 티끌을 여의고 본성에 돌아가는 데 있어 자세히 살핌觀을 어기니, 보살이 웃는 이유다.

야보 게송

그릇 쳤다錯

상이 있는 것 가운데 무상신이여   有相身中無相身

금 향료 밑에 쇠 곤륜산이네   金香爐下鐵崑崙

두두가 다 내 집 것이니   頭頭盡是吾家物

하필 영산의 세존께 물을 것인가   何必靈山問世尊

왕이 칼을 잡는 것과 같구나   如王秉劍

상이 책상이고 걸상이니

보는 그대로 길이니 책상에서

걸상에서 찾지 마시라

— 월조 착어

함허 설의

물질과 소리를 떠나지 않고 부처의 신통력을 보는데, 상으로 살필 수 없다 말하니 이것 또한 그르친 것이다.

곧 상相이 진眞이어서 상 밖에 진이 없다. 두두頭頭가 물건 밖에 가풍이요, 사사事事가 눈앞에 삼매다. 곳곳에서 '저'를 만나는데 하필 밖을 향해 구하리오. 왕이 칼을 잡는 것 같은 것이 상에게 있는 것으로 구해도 또한 그르쳤으며 상이 없는 것으로 구해도 그르친 것이다. 상 있음과 상 없음이 다 그르쳤으니, 왕이 칼을 잡은 것 같

아서 죄가 오면 곧 베고 한 번 그름을 알아서는 문득 도리어 살리
니, 잡으며 놓는 것이 손이 있으며 살활殺活이 때를 임해 있다.

야보 게송

야보가 여래께서 이르신 사구게를 송하다.

바로 성색으로 구하지 안 하여도　　　　　直饒不作聲色求

이 또한 여래를 보지 못한다.　　　　　　是亦未見如來在

그럼 말하라.　　　　　　　　　　　　　　　　且道

어떻게 해야 얻을 것인가.　　　　　　　　如何得見

찾고 또 찾아야 한다　　　　　　　　　　不審不審

색을 보고 소리를 듣는 것이 본래 일상이라　　見色聞聲世本常

한 무게一重의 눈 위 일중의 서리로다　　　一重雪上一重霜

그대, 황두노인黃頭老人[1]을 보길 원하면　　君今要見黃頭老

마야부인摩耶夫人[2] 복내장腹內藏에 들어가시라　走入摩耶腹內藏

오라　　　　　　　　　　　　　　　　　　　　咦

이 말이 30년 후,　　　　　　　　　　　　此語三十年後

땅에 던져짐에 금성金聲이 있음이라　　　擲地金聲在

1　황두노인(黃頭老人) : 부처. 불상 자체에 황금색을 입힌 까닭이다.
2　마야부인(摩耶夫人) : 석가모니의 어머님.

부처는 성聲과 색色에 있음도 아니고 색色·성聲을 여의는 것도 아니다. 색성에 인증하여 부처를 구해도 또한 얻지 못하고 색·성을 여의고 부처를 구해도 또한 얻지 못한다. 색과 색을 여읜 두 군데에서 얻지 못하면. 말하라. 어떻게 얻어 구할 것인가. 알지 못하고 알지 못하겠다. 보고 보아라 황두노인이 나타난다.

묘원妙圓하고 진정한 겁전劫前의 몸을, 지식과 견해를 가지고 망령되이 함부로 친하려고 하지 말라. 색을 보고 소리를 듣는 것이 세상의 본상이니 색성을 여의고 별도로 진을 구하지 말라. 옛 어른들이 말하기를 '도는 견문각지見聞覺知에 속하지 않으며 또한 견문·각지를 여의지도 않는다' 하니 곧 견문각지에 즉하여 도를 구해도 그르치며 색성을 어의고 부처를 구하는 것도 또한 그르친 것이다.

그대가 꼭 황두노인을 보기를 요하면 마야의 복내장으로 들어갈 것이다. 고인이 말하기를 '마야의 비속 집이 법계체法界體와 한 가지다' 하니 법계체라면 상이냐 상 아닌 것이냐. 상도 아니고 비상도 아니면 모든 부처가 함께 돌아가는 곳이니 황두노인을 보기를 원하면 문득 이 가운데를 향해 찾을 것이다.

이 말은 삼십 년 전에는 '나눈 새벽分曉'을 얻지 못하고 삼십 년 뒤에는 땅에 던지매 쇳소리가 있는 것 같다.

종경 제강

묘상이 단정해 장엄하니 성왕의 상이 곧 여래의 상이다. 법신이 두루하니 여래의 몸이 성왕의 몸과 같다. 만일 저속을 향해 얻어 보고 사무쳐 가면 백로는 눈짓에 의지하고 옥토끼는 월전月殿에서 서식한다. 보지 못하는 사람은 오히려 달 가에 별만 본다. 이에 다시 살펴 물으니 애정이 지극하여 잘못 짝에 오름이여! 성·색의 삿된 도를 행하지 말 것이니 죄를 맺으면 법왕을 뵐 인연이 없어진다.

법에는 단멸상이 없다

無斷無滅

"수보리야, 여래가 모두 갖춤으로 해서 아뇩다라삼먁삼보리를 얻은 것이 아니다"라고 한다면, 수보리야, 그런 생각하지 말라. 여래의 깨달음은 상을 모두 갖추었기 때문에 아뇩다라삼먁삼보리를 얻은 것은 아니다.

수보리야, 그대가 생각하기를 '아뇩다라삼먁삼보리의 마음을 일으킨 이는 모든 일에 단멸상이 있다고 설했다' 한다면, 이런 생각을 하지 말라. 왜냐하면 "아뇩다라삼먁삼보리의 마음을 발한 이는 법에 있어서 단멸의 상이 있다 설하지 않기 때문이다".

보유補遺

함허 설의

상과 비상을 꾸짖은 것은 네가 단斷과 상相에 타락함을 두려워한

須菩提, 汝若作是念 如來不二具足相故 得阿耨多羅三藐三菩提, 須菩提, 莫作是念 如來不二具足相故 得阿耨多羅三藐三菩提. 須菩提, 汝若作是念 發阿耨多羅三藐三菩提心者 說諸法斷滅相 莫作是念, 何以故 發阿耨多羅三藐三菩提心者 於法佛說斷滅相.

것이니 만일 부처를 무상無相이라 하면 벌써 단멸을 이룬 것이 된다.

육조 해의

　수보리가 진신의 상을 설하는 것을 듣고 문득 말하기를 '삼십이 청정행을 닦아서 보리를 얻는 것이 아니라' 하니 부처가 수보리에게 말하기를 '여래가 삼십이 청정행을 닦아서 보리를 얻음이 아니라 말하지 말라. 네가 만일 삼십이 청정행을 닦아서 아뇩다라삼막삼보리를 얻음이 아니라 말한다면 곧 불종을 단멸한 것이니 옳은 곳에 있지 않다' 한 것이다.

야보 게송

전도剪刀질 고르지 못함이여, 다스려도 외로 어지럽고

剪不齋兮理還難

머리를 당겨와 베어도 끊어지지 않는다.　　　　拽起頭來割不斷

알지 못하겠다 누가 공교히 안배함을 알았는가.　不知誰解巧安排

모았다가 전에 의지해 또 방개한다　　　　　　涅聚依前又放開

여래가 단멸을 이루었다 말하지 말라　　　　　莫謂如來成斷滅

한 소리가 도리어 한 소리를 이어 온다.　　　　一聲還續一聲來

함허 설의

　전도질해서 고르게 하고자 하지만 능히 이로 하여금 고르게 하지 못하며, 다스려 어지러움이 없고자 하나 능히 어지러움을 없애지 못한다. 또 당겨 베어서 끊으려고 하나 능히 이로 하여금 끊지 못하니, 이렇기 때문에 비록 색과 성이 없다 일러도 또한 색과 성에 막히지 않는 것이다.

이미 모든 상이 아니라 말하고 또 구족이라 말하니 사람이 단견을 낼까 두려워하여 거듭 생각을 짓지 말라 한 것이다.

종경 제강

상을 구족하지 않았는데 본래 구족하여 늘 스스로 장엄하며, 법은 전하지 않았는데 서로 전해 어찌 전멸할 것인가. 옛날 세존이 영산회상의 인人·천天·중衆 앞에서 이르기를 "내게 청정한 법안과 열반묘심이 있다. 이것을 음광飮光(가섭)에게 부촉해 널리 교화를 전하게 하겠다" 했으니 무엇을 부촉하였는가. 이와 같이 연꽃을 들어 보는 눈으로 인천중人天衆을 돌아보니 금색의 두타頭陀[1]가 홀로 파안미소를 했다. 한 등불이 능히 백천등白千燈을 이으니 심인心印이 대대로 행해지고 있다. 천성이 전하지 아니해 불어도 단멸하지 않으니 이어진 광명과 널리 펴진 불꽃이 더욱 더 분명하다.

---

1 두타(頭陀) : 산스크리트어 'Dhūta' 음사. 수치(修治), 세완(洗浣), 엽제(葉除), 도태(陶汰) 등으로 한역한다. 번뇌의 티끌을 없애고 의·식·주에 탐착하지 않으며, 청정하게 불도를 수행하는 것. 여기서 가섭을 말한다.

　한 등불이 백천등을 붙이니 신령한 불꽃이 면면히 이어 지금에 이른다. 천성千聖이 전하지 않은 것이 광풍狂風을 지어서 이 등燈을 불어 불은 멸하지만 등은 멸하지 않는 것이다. 이은 광명과 벌어진 불꽃이 더욱 분명할 뿐이다.

　　　　하늘의 별들아 아직 무사한가 오늘도

　　　　어둠을 갉아 먹는 너

　　　　정말 창부로구나

　　　　진실로 별난 것 없는 이것 바깥사람

　　　　알까 두려워요

— 월조 게송, 「창부(娼婦)」

> "수보리야, 만약 갠지스강 모래 수만큼 칠보를 보시한다 하더라도,
> 만약 어떤 이가 있어 일체법에 내가 무아임을 알아 참고 수행을 완성하면
> 이 공덕이 앞보다 훨씬 뛰어난 것이다 수보리야, 수행자는 복덕이 필요
> 치 않다."
>
> 수보리가 스승께 여쭈었다.
>
> "왜, 깨달음으로 가는 수행자는 복덕이 필요치 않습니까."
>
> "수보리야 복덕을 쌓겠다는 탐욕과 집착하지 않기 때문이니 그러므
> 로 복덕을 받지 않는다고 말하는 것이다."

보유補遺

함허 설의

보시의 상이 머무르지 않음을 찬탄함에 있어서 '복은 시방十方의

須菩提, 若菩薩 以萬恒河沙等世界七寶 持用布施, 若復有人 知一切法無我 得成於忍,
此菩薩 勝前菩薩 所得功德, 何以故 須菩提, 以諸菩薩 不修福德故. 須菩提白佛言, 世
尊, 云何菩薩 不受福德. 須菩提, 菩薩所作福德 不應貪着 是故說不受福德.

허공과 같다'. 또 법이 무아無我임을 알고 참고 성취한 것을 '복이 갠지스강의 모래 같은 보시보다 더 수승하다' 하였으니 이제 탐착하지 않고 머무르지 않고 수행하면 마음을 항복하게 된다는 뜻이다. 또 복덕이 본래 무성無性임을 알면 당연히 물들어 착념着念하지 않으니 탐구貪求가 이미 없게 되어 공空에 이르게 되니 어찌 칠보에 비견되겠는가 하셨다.

야보 게송

귀를 듣는 건 귀머거리와 같고	耳聽如聾
입으로 설법함이 벙어리와 같다	口說如啞

말 아랫사람이 말 위 그대로 인하여	馬下人因馬相君
높고 낮음이 있고 격조함과 친근함이 있으니	有高有下有踈親
하루아침에 말이 죽고 사람이 돌아가면	一朝馬死人歸去
친한 사람은 맥노인陌路人[1]이 된다.	親者如同陌路人
다만 옛 시절의 사람이	祗是舊時人
옛 시절의 행리처行履處[2]를 고칠 뿐이다.	改却舊時行履處

함허 설의

법이 내가 없음을 알면 남과 내가 없어지고, 용서함을 얻어 이루

---

1 맥노인(陌路人) : 눈두렁에서 만난 사람.
2 행리처(行履處) : 지나간 자취.

면 곧 능(주관)과 소(객관)의 정이 없어질 것이다. 능과 소의 정이 없어지면 곧 무념의 지혜가 나타나고 남과 나의 상이 없어지면 곧 평등의 이치가 나타난다. 이러한 때에 이르러서는 눈으로 보고 귀로 들어도 분별이 일어나지 않고 입을 결고 혀를 움직임에 분별이 나지 않는다. 나지 않는 것까지 나지 않으면 어찌 귀머거리 같고 벙어리 같은가. 바로 밝은 거울이 물건을 비추며 빈 골짜기가 소리에 반응하는 것과 같아서 성하게 비추고 응하지만 비추고 응함이 없는 것이다. 때문에 이르기를 '항상 모든 근기根機에 의해서 사용하지만 사용한다는 생각을 일으키지 않는다'. 겁화劫火³는 바다 밑을 태우고 바람이 크게 움직여서 산을 치더라도 진상의 적멸寂滅 악樂의 열반상涅槃相은 이러한 것이다.

스스로 나와 남의 상이 있음으로 해서 고하高下의 편집된 정情이 나온다. 이 정이 나서 도로 더불어 소疎(멀어지다)하고 무명 탐·진·치 삼독으로써 친親함을 삼는가. 아我와 인人의 산이 한 생각을 향해 무너지니 친한 바 삼독이 도리어 소를 이룬다. 따서 전과 같이 청정한 본 해탈解脫이 된다.

> 두두(頭頭)는 면경 속 한 알의
>
> 완두콩이라 천만각의
>
> 모래의 말이네 한 알의

---

3 겁화(劫火) : 세계가 파멸할 때 일어난다는 큰불.

그들이 주고받는 소리, 그 말씀

'13층입니다' 오늘도

스피커에선 자기 말 자기가 하네

— 월조 게송, 「엘리베이터」

야보 게송

군裙[4]은 허리가 없고 과袴[5]는 입이 없다 　　　　　裙無腰袴無口

물과 같고 구름과 같은 한 꿈의 몸이여	似水如雲一夢身
알 수 없어라 이 밖에 다시 어떤 것이 친한 것인가	不知此外更可親
이 가운데 다른 물건을 용납지 않으니	皆中不許容他物
황매 길 위의 사람에게 분부한다	分付黃梅老上人

함허 설의

군과 과는 비록 있기는 하나 없는 것 같이 말하는 것이 일반이다. 경에서 이르기를 '복을 받지 않는다' 하니 그 뜻이 이 같은 것이다. 다만 이 한 꿈의 몸이 물과 같이 무정해서 곳을 따라 모나며 둥글며 구름과 같이 무심하여 잡으며 피는 것이 자유다. 이 밖에 따로 친함 이 없으니 어떤 물건이 이 가운데 돌아올 것인가. 넓어서 사람의 얽

4　군(裙) : 하의, 치마, 속옷.
5　과(袴) : 정강이(脛衣), 경은 정강이, 의는 옷, 덮는 것, 가사, 싸는 것.

매임이 없으니 해탈을 어찌 다시 구할 것인가. 신노信老[6]가 일찍 이 소식을 가져서 황매산 노상인[7]에 분부한 것이다.

종경 제강

만일 견문각지見聞覺知에 착하면 여래의 묘의를 해득하지 못하고, 아我와 인人의 수명이 없음을 깨달으면 도리어 햇볕과 공화와 같다. 『능엄경』에서 이르기를 '지견知見에 지知를 세우면 곧 무명의 근본이요, 지견에 견이 없으면 이는 곧 열반'이라 하니 다만 저 법상의 불생시를 도리어 신해信解하느냐. 대천의 사계가 바다 가운데 거품이요 일체의 성현이 번개 치는 것 같다.

법이 공한 것도 아가 아니요 도도 친하지 아니하니 나무가 거꾸러지고 칡이 말라 웃음이 더욱 새롭다. 바람이 울음 그치는 황엽을 쓸어 없게 하니, 천림千林의 전제가 천진天眞을 노출한다.

함허 설의

법을 취하는 것이 원래 미혹한 것이요, 공을 깨닫는 것도 또 진眞이 아니다. 깨닫는 마음도 없는 곳에 열반을 얻은 때다. 다만 저 법상의 낳지 않는 것을 무엇이라 이르는가. 눈앞에 가는 티끌도 없으니 누구를 이름해 성현이라 할 것인가.

공과 유가 이미 둘 다 없고 일一도 또한 마음에 걸지 않으며, 대

---

6 신노(信老) : 사조 도신(四祖 道信)을 말함.
7 노상인 : 오조 홍인(五祖 弘忍). 황매산에서 법석을 핌.

천大千으로 자신을 삼으니 때문에 웃음이 더욱 새롭다. 쾌연하여 방편이 혹되지 않으니 본지풍광이 다다른 곳에 나타난다.

보살은 오고 감이 없다

威儀寂靜

"수보리야, 어떤 사람이 말하기를 **여래**①가 오고 가고 눕고 앉는다 말한다면 이 사람은 여래가 설한 뜻을 알지 못한 것이다. 왜냐하면 깨친 이는 오고 감이 없다. 때문에 여래라 이름하는 것이다."

보유補遺

함허 설의

앞에서 이르기를 '여래를 얻어 보지 못하며, 가히 삼십이상으로 여래를 얻어 보지 못하며, 부처는 응당 색신을 구족한 것으로 볼 수 없으며, 삼십이상으로 여래를 볼 수 없다' 하시니 이는 다 부처가 상이 아님을 밝힌 것이다. 여기서 말하기를 '오는 것이 없고 또 가는 것이 없다' 하시니 이것은 부처가 거래가 없는 것을 밝힌 것이다. 이렇기 때문에 진법성신은 상이 아니며 비상도 아닌 것이다. 성과

須菩提, 若有人言 **如來**①若來若去若坐若臥 是人不解我所說義, 何以故 如來者無所從來 亦無所去 故名如來.

상이 서로 원융해서 가는 것도 없고 또 오는 것도 없다. 동과 정이 일여一如하다.

① **여래**如來 : 'tathātagata'를 분해하면 'thatā tagata', '그와 같이 간 사람'이 되지만 인도에서는 '완전한 인격자'를 그렇게 불렀다. 중국에서는 '그와 같이tathāta 중생들을 구제하기 위'해서 오신 분'이라고 해석하여 구제자적인 성격을 부여하고 '여래'라고 변역했다.

타타가타tathāgata는 산스크리트어. 그렇게 가고 그렇게 오는 사람 곧 여거여래如去如來이니 여래의 본말이다(이기영 역해, 『금강경 · 반야경』, 양현각, 1983, 294쪽).

야보 게송

산문 머리에서 합장하고 불전 속에서 소향燒香한다

山門頭合掌 佛殿裏燒香

누더기에 가을 구름 걷어가고 納捲秋雲去腹來

몇 번이나 남악과 천태를 돌았는가 幾廻南岳與天台

한산 습득이 서로 만나 웃으니 寒山拾得相逢笑

또 말하라 且道

웃는 것이 무엇인가. 笑箇甚麽

웃으며 말하며 동행하니 笑道同行

함허 설의

비록 거래가 없다 하나 산문과 불전 속에서 나가고 머무르는 것이 조용하며 합장하고 소향함에 빛난다. 표연한 일조一條의 누더기여! 오고 감에 구름이 무심하다. 대천을 다리 아래에 붙이니 천태와 남악을 몇 번이나 돌았는가. 한산과 습득이 오기만 하고 갈 줄 모르고, 습득拾得과 한산寒山[1]은 가기만 하고 올 줄 몰라 서로 인연해 자유가 없으니 웃음을 취하는 것이 여기에 있다. 이 납승은 오고 감이 스스로 종용한 것이다.

종경 제강

안으며 누우며 행함이 본래 스스로 옴이 없고 감이 없으니 위의가 움직이지 아니해 적연해 정이 아니며 움직임이 아니다. 여래의 설한 바 뜻을 알기를 요하는가. 인연을 따라 감에 붙여 두루하지 않음이 없으나 항상 이 보리좌에 처해 있다.

높고 높아 움직이지 않는 법 중의 왕이여, 어찌 나비가 육근에 뛰어 노는 것이 있을 것인가. 진공에 면목이 없음을 웃어 가리고 구름

---

1 습득(拾得)과 한산(寒山) : 당나라 국청사의 주지 풍간선사와 한산과 습득을 국청삼은(國淸三隱)이라 일컫는다. 습득은 풍간 스님이 주워서 키웠다. 한산과 습득은 같이 한암 깊은 굴에서 지냈고 절에서 허드레 일을 하여 밥을 얻었고 미친 짓을 하면서도 선도리에 맞았고 시를 잘했다. 태주자사가 옷과 약을 주니, '이 도적놈아 도적놈아 물러가라' 웃으면서 한암 속으르 사라졌다. 굴속의 시를 거둔 시집인 『한산집』이 전한다.

을 이으며 달을 밀어 천강에 내린다.

함허 설의

높고 높은 부동존不動尊을 법중왕이 된다 이름한다. 고전古殿이 고요하지만 항상 방광하니 육근이 비어 고요해서 시끄럽고 어지러움을 끊는다. 진정계중眞淨界中에 머물러 있지 아니하고, 자비를 일으키고 지혜를 움직여 근기를 위해 온다. 근기를 위해 오는 것이여, 푸른 버들과 꽃다운 풀언덕에 尊은 움직이지 않는 곳이 없다.

월조 강해

일체 '본래'는 오고 본래는 가고 오고 감이 없어라.

세존	世尊
도솔천을 여의기 전에	未離兜率
이미 왕궁에 태어나셨으며	已降王宮
어머님 태胎에서 나오시기 전에	未出母胎
이미 사람들을 다 제도하셨다	度人已畢

—『선문염송』「도솔래의」 1권 1칙

이것을 어떻게 읽고 간직할 것인가. 고인들은 아무리 좋은 일이라도 일어나지 않음만 못하다 했네.

다 제도했다 함은 어떤 것인가.

일찍이 원오 극근 선사가 게송을 지어 바쳤다.

큰 형상은 본래부터 형체가 없지단	大象本無形
지극히 빈 곳에 만물을 포함하네	至虛包萬有
꼴찌가 그냥 앞장을 섰고	末後已大過
남쪽으로 얼굴을 돌려 북두칠성을 보도다	面南看北斗
왕궁과 도솔천과 중생제도와 태에서 나옴이	王宮兜率 度生出胎
시종일관하여 당초부터 가고 옴이 없어라	始終一貫 初無去來
자취를 쓸어 없애고 뿌리를 뽑아 버려야	掃蹤滅迹除根帶
불 속의 연꽃이 곳곳에 피어나려니	花裡蓮花處處開

또 대혜 종고의 게송 하나를 더 들먹여 보자.
비록 점두하였다 해도 그대는 30년을 더 참구해야 한다.

비수 끝에 발린 꿀을 핥지 말라	利刃有蜜不須舐
비상 파는 집에선 물맛을 보지 말라	蟲毒之家水莫嘗
핥지 않고 맛보지 않아 모두 범하지 않으면	不舐不嘗俱不犯
분명히 비단옷 입고 고향으로 돌아가리	端然衣錦自還鄉

—『선문염송』 제1권 1칙 게송

진리와 현상은 둘이 아니다

一合理相

"수보리야, 사람들이 삼천대천세계를 부수어 먼지로 만들었다면 어떻게 생각하느냐. 먼지가 얼마나 많겠느냐."

"굉장히 많습니다, 스승이시여. 왜냐하면 만약 먼지가 실재로 있는 것이라면 스승께서는 곧 먼지라 말씀하지는 않았을 것입니다. 그것은 바로 스승께서 말씀한 먼지는 곧 먼지가 아니며 그 이름이 먼지이기 때문입니다. 스승이시여, 여래께서 말씀한 삼천대천세계도 곧 세계가 아니고 그 이름이 세계일 뿐입니다. 왜냐하면 세계가 실재로 있는 것이라면 곧 그것은 '절대의 하나의 모양 一合相' ①일지니, 여래께서는 '일합상은 곧 일합상이 아니다' 라고 말씀하셨기 때문입니다."

"수보리야, 일합상은 말이나 논리가 아니니, 다만 어리석은 중생들이 그것을 탐착하기 때문이다."

須菩提, 若善男子善女人 以三千大天世界碎爲微塵 於意云何 是微塵中寧爲多不. 甚多世尊, 何以故 若是微塵中實有者 佛卽佛說是微塵衆 所以者何, 佛說微塵衆 卽非微塵衆 是名微塵衆. 世尊, 如來所說 三千大千世界 卽非世界 是名世界, 何以故 若世界實有者 卽是 **一合相**① 如來說一合相 卽非一合相 是名一合相. 須菩提, 一合相者 卽是不可說 但 凡夫之人 貪着其事.

함허 설의

앞에는 여래의 몸이 진眞·가假도 아니고 거래도 없음을 보여주고, 여기서는 미진微塵이 미진이 아니며 세계가 세계가 아님을 들어 법상이 곧 법상이 아님을 밝힌 것이다. 앞에는 부처의 진수를 나타낸 것으로 깨달은 바도 이 같고 증득한 바도 또한 이 같으며 여기서는 법의 진수를 나타내는 것으로 말을 거두고 자취를 털어서 진원에 돌아감을 보인 것이다.

월조 강해

실유實有라고 생각하는 일합상一合相(절대의 하나의 모양)은 우리의 집착과 탐착에서 오는 결과이다. 오온을 가지고 있음으로 오는 갈애渴愛일 뿐, 여래께서는 제법무아이고 제행무상을 일찍이 갈파하였다. 우주, 존재, 영혼, 법, 행은 있는 듯이 없음이니, 이치와 현상이 일합이 된 실유는 곧 없는 듯이 있음을 아는 것이다. '여래가 설하기를 세계는 곧 세계가 아니고 그 이름이 세계일 뿐이다', '여래가 설한 자아에 관한 견해는 견해가 아니다' 그렇기 때문에 바로 '자아에 관한 견해'라고 설하신 것이다. 이에 여래께서 설한 일합상은 곧 '일합상이 아니고 그 이름이 일합상이다'. 그렇기 때문에 일합상의 말씀이라고 할 뿐이다.

그리고 육조 혜능은 부처님이 설한 삼천대천세계는 하나하나의

중생의 마음 위에 나타나는 망념의 티끌 같은 많은 수를 삼천대천
세계 안에 있는 티끌에 비유하여 같다고 설하였다.

또 야보는 아래와 같은 게송을 우리에게 던진다.

① 일합상 : '절대 하나의 모양', '모든 것이 하나의 진체'라 보고, 그것이 실
체라고 집착함을 말한다. 구마라집 역이나 보리유지 역에는 일합상一合相
이라 했고, 현장 역에는 일합집一合執(하나의 모양을 가짐)이라 했다.

야보 게송

만일 물에 들지 않으면 어찌 장인을 볼 것인가　若不入水 爭見長人

한 티끌이 일어나 겨우 하늘을 가리니　　　　一塵纔起翳磨空
부서진 가루가 삼천이니 끝이 없어라　　　　碎抹三千數莫窮
야로가 능히 주워서 모을 수 없으니　　　　　野老不能收合得
가르침대로 비바람 따라 내버려둔다네　　　　任敎隨雨又隨風

함허 설의

황엽이 돈이 아닌 것이 진실로 옳으나, 이치는 말의 밖이 아니다.
곧 말이 곧 이치니 어찌 모름지기 문자를 버리고 따로 망언妄言의
뜻을 구할 것인가. 교의 바다 속에서 대해탈을 얻으면 지해 위에서
대법당을 건립하여 이에 장이 넓으며 양이 없는 대인이라 이를 것
이다. 야보가 바로 진과 계를 취하여 납승의 번뇌를 끊지 않고 열반

에 들어가는 뜻을 밝힌 것이다. 이러하면 이른바 미진微塵은 진로盡
勞의 업용業用이 성하게 다투어 지음을 말한 것이다. 만일 진노 중을
향하여 성에 맡겨 부침해 자재함을 얻으면 곧 가히 장腸이 넓고 양
量이 없는 대인이라 이를 것이다 모름지기 '상천霜天에 강한 풀을
알고 불 속에 정한 금을 본다' 말함을 믿을 것이다.

납승(함허)이 망념이 원래 없음을 스스로 알아 재단할 마음이 없
고 부침에 맡기니, 이 납승의 끊지 않음을 웃지 말라. 불 속에서 연
蓮꽃이 나와야 끝내 허물어지지 않는 것이다.

야보 게송

잡아 모음과 놓아 여는 것이여	捏聚放開
병마는 도장을 따라 움직인다	兵隨印轉
혼륜渾淪이라도 두 조각을 이루고	渾圖成兩片
깨도 도리어 둥글어진다	擊破劫團圓
가늘게 씹고 물어 헐지 않아야만	細嚼莫咬破
바야흐로 재미를 온전히 안다	方知滋味全

함허 설의

어떤 때는 셋을 열고 어떤 때는 하나로 합하니 합일合一이 곧 삼三
이며 삼을 여는 것이 곧 하나다. 삼三과 일一이 서로 여의고 삼과 일

이 상즉相卽한 것이다. 삼이 아니지만 삼이요, 일이 아니지만 일이다. 삼과 일이 다 그르고 삼과 일이 다 옳으니 이러하면 살활殺活이 때에 임하여 거두고 놓음이 자유다.

'다르지 않다' 말하고 하지만 어찌 다르며, '일이 아니라' 말하고자 하지만 어찌 하나인가. 삼과 일을 공空하고자 하나 도리어 삼과 일이다. 삼과 일이 바야흐로 본래 원만히 성취함을 알 것이다.

월조 강해

한 덩이渾圇로 두 조각이 되고 깨버려도 도리어 둥글團圓다.

이것은 한 덩어리로 뭉치면 두 조각이 되다가 두드려 깨면 도리어 한 덩이가 되니 가늘게 씹어도 깨물어 깨는 사람이 없으니 비로소 기름진 맛의 완전함을 알게 된다. 그 스스로 존재하는 존재자니 일합상이라는 집착이다. 이렇게 되면 살활자재殺活自在하며 거두고 놓는 것도 자유자재가 되더라도 이것 역시 전체가 결국 하나라는 집착이다.

야보의 착어 뒤 구 '병수인전'을 생각해보자. 무엇이 병사이며 무엇이 장군인가. 또 깃발을 흔드는 자는 누구인가. 어느 누구도 이 소식을 보낸 자도 없고 이 소식에 따라 간 이도 없다. 스승께서는 말미암아 일어난다. 내가 태어나기 전부터 본래 있을 뿐이다, 말씀을 새겨보자.

구마라집은 '세계가 실재로 있는 것', 실유實有하므로 일합상이라 번역하고 있다. 산스크리트어본은 '원자의 집합체' 혹은 '전일체라고 하는 집착'[1]이라 말하는데 이것은 모든 것이 하나의 전체라 보고 그것이 실체라고 집착하는 것이라고 번역한 에드워드 콘즈의 번역은 문제가 있다.

구마라집이나 보리유지는 일합상一合相으로 번역하였고 현장의 일합집一合執은 직역이다.

무착無着[2]은 이 부분을 "모든 원자의 집합체가 없다는 것과 전일체가 없다는 것과 모든 존재가 단일하지 않다 하는 것을 보여주는 것이다. 또 결합된 상태가 거기에 있다는 것은, 서로 다른 성질別異性이 없다는 것을 보여주기 때문이다"라 했다.

국화향 방석에 앉아 금색실로 은빛바늘귀에 꼽네 이 가을

등솔기 감싸도는 바람 한 줄기 불붙는 원앙 한 쌍, 달님의

가르마 위로 오르는 단말마의

갈잎 두어 쪽 해님의 웃음 속 달디 단 달님의 단잠이어라

— 월조 게송, 「해님과 달님」

---

1 전일체라고 하는 집착 : 모든 것을 하나의 전체로 보며 그것이 실체라고 집착하는 것.
2 무착(無着, Asaṅga, 300~390?) 아상가와 그의 동생 바수반두(世親, 316~396)는 인도 대승불교의 사상가이다. 그의 스승은 마이트레야의 학설을 계승한 존자라고 학계에서 말한다. 특히 마이트레야는 후대에 미륵보살로 동일시되었고, 아상가의 대표 저술로는 유식설을 체계화한 『섭대승론』이 유명하다.

세계를 부수어 지진과 같다 하니 자존慈尊의 비유가 공교하면 깊고 중요하다. 관명을 세워서 그 실을 말하니 범부의 뜻이 탐구貪求를 끊었다. 이렇게 알아 얻으면 본에 돌아가며 근원에 돌아가서 그 각을 등지고 진에 합하고 이렇게 알지 아니하면 지혜가 제불과 같아 자비로 중생에 맞으며 다 이러하지 않으면 큰 영신이 손을 들음에 다자가 없어 태화산의 천만중을 분파한다.

일단 생애는 본래 거두지 못하니 종전의 만법이 다짝이 아니다. 삼천세계를 가볍게 깨뜨리니 바로 항하수의 역류를 얻을 것이다.

함허 설의

세계를 부수어 진塵을 삼으니 비유가 교묘하고 뜻이 깊다. '저울질하는 위세權威'에 의지하여 실實을 나타내니 범부가 '좇아 구함追求'을 끊는다. 실상이 나타나면 지혜의 경계가 온전히 나타나고 추구를 끊으면 진노塵勞가 문득 쉰다. 진노가 쉬니 지일智日이 높이 달려 어두운 길이 크게 밝아 위로 제불諸佛과 같다.

일법一法은 본유本有여서 가히 거두지 못하지만 만법은 근원이 없어 다 진실이 아니다. 법과 법을 알아 본원에 돌아가게 하여, 사람 사람으로 하여금 풍차 좇음을 면하게 할 것이다,

진리와 현상은 둘이 아니니
지견을 내지 말라

知見不生

"수보리야, 사람들이 말하되 붓다께서 아견 인견 중생견 수자견인 네 가지 견해와 의식을 말씀하셨다 한다면, 수보리야, 그대 생각은 어떤가. 이 사람은 내가 설한 뜻을 이해한 것이냐 아니냐."

"아닙니다 스승이여! 이 사람은 스승께서 말씀한 뜻을 헤아리지 못한 것입니다. 왜 그런가 하면, 스승께서 말씀한 아견 인견 중생견 수자견인 네 가지 견해와 의식이 아닌 네 가지 견해와 의식입니다. 오직 그 이름이 아견 인견 중생견 수자견이라고 말씀한 것입니다."

"수보리야 아뇩다라삼먁삼보리를 일으킨 자는 일체의 법에 응당히 이와 같이 알며 이와 같이 보며 이와 같이 믿어 법상을 내지 말아야 한다. 수보리야, 여래가 말씀한 법상이라 한 말씀은 법상이 아니라 한 것이니, 그 이름이 법상이라고 부른 것이다."

須菩提, 若人言佛說我見人見衆生見壽者見, 須菩提 於意云何, 是人解我所說義不. 不也 世尊, 是人不解如來所說意. 何以故 世尊說我見人見衆生見壽者見 卽非我見人見衆生見 壽者見 是名我見人見衆生見壽者見. 須菩提, 發阿耨多羅三藐三菩提心者 於一切法 應如 是知 如是見 如是信解 不生法相. 須菩提 所言法相者 如來說卽非法相 是名法相.

함허 설의

사견四見인 아견我見, 인견人見, 중생견衆生見, 수자견壽者見은 '나라는 생각(견해)', '남이라는 생각(견해)', '중생이라는 생각(견해)', '오래 산다는 생각(견해)'을 굳게 가짐堅持을 말한다. 법상法相은 존재의 상을 말한다.

31분을 해의解義하면 반드시 어떤 고정된 견해를 가진다는 것은 망상이고 헛된 것임을 깨닫게 한다.

8만 4천의 일체 법문도 실유實有가 아님을 밝히는 대문이다. 세존이 설한 아견 인견 중생견 수자견은 곧 아견 인견 중생견 수자견이 아님을 밝히니 곧 붓다가 설한 사성제四聖諦가 사성제가 아니고 십이연기 역시 십이연기가 아니며 그 이름이 사성제고 십이연기일 뿐임을 말한다. 하물며 존재의 상인 법상法相 역시 법상이 아님을 밝힌다. 따라서 스승께서 설한 8만 4천 법문 역시 입 밖에 낸 적이 없고 듣는 자 한 말씀도 가슴속에 묻어둠이 없으니, 전성전일全性全一하고 일상일미一相一味의 세계가 드러난다. 이것이 부처의 지견佛知見이다.

따라서 아뇩다라삼먁삼보리無上正等正覺을 일으킨 이는 일체 법에 이와 같이 보고 믿고 깨달아서 존재가 있다는 견해와 의식, 진리라는 법상法相을 내지 말아야 한다. 여래가 말씀한 '진리란 생각'도 '진리란 생각'이 아니라 다만 그 이름만이 '진리란 생각'임을 알아야 함을 이른다.

월조 강해

스승의 말씀은 오직 우리의 삶, 우리의 문제에 대한 말씀만이 아니라 어떻게 하면 생生 · 로老 · 병病 · 사死로부터 벗어날 수 있는 사실, 그것을 보여주고 있다. 실천자로 처방하고 약재를 투여하고 있다. 우리는 믿고 실행할 때 깨달음의 투약은 지식의 이해나 인식에 사로잡히는 것보다 믿고 행할 때 더 삶의 실재라고 말씀한다. 곧 실사구시 이용후생實事求是 利用厚生일 것이다. 삶의 실재, 이것이 깨달음임을 우리는 안다. 깨달음 자체, 무아無我, 곧 삶의 실재는 모든 지식과 무의식을 넘어서기 때문이다.

스승께서는 말씀하신다. 기연설起緣說, 곧 내가 말하는 연기법緣起法은 내가 발명한 것이 아니다. 누가 발명한 건 더욱 아니다. 나는 발견자일 뿐이다. 내가 아니 우리가 있건 말건 연기법은 존재한다. 나는 그 법法을 말할 뿐이다.

이것이 있으므로 저것이 있고

이것이 생기므로 저것이 생겨나고

이것이 없으면 저것이 없고

이것이 없어지므로 저것이 없어진다

'이것과 저것', '이것'과 '저것'은 상호 의존해 있고, '이것'이 없으면 '저것' 역시 없고 '저것'이 없으면 역시 '이것'이 없다고 말씀한다. 이 말씀은 서로 의지함을 말하는 것이지 원인과 결과로 '이것'이 있기 때문에 '저것'이 있게 된다는 것은 아니다. '이것'에 의지해서 '저것'에 있고 '저것'에 의지해서 '이것'이 있다는 것이다. 곧 무아는 '이것'과 '저것'의 상의성相依性, 상호 작용하는 사이에 아我라고 하는 것이 없음에 이르고, 곧 이름할 수 없는 무아를 선포한다. 무아란 연기법의 실체임이 드러난다.

법은 존재를 말한다. 이 존재함의 법칙은 누군가가 만든 것이 아니라 말미암아 일어나는 것이다. 어떤 논리와 철학과 사색의 견해와 의식에서 일어나는 것이 아니다. 모든 존재의 실체는 허망하다. 그 실체라는 것이 없다. 우리에게 일어나는 현상이나 사건이나 그에 대한 논리는 한없이 반복됨이 아니라 일회성, 한 순간 한 찰나로 있을 뿐이다. 이런 사건은 그 순간 그 장소에서 끊임없이 반복되어지지 않는다. 말에 의한 논리나 법칙이 아니라 연기緣起 즉 인연생기因緣生起임을 이른다. 우리는 사회적인 관습에 의해 옳고 그름을 판단한다. 우리는 인연 하면 인연법이란 논리에 휩싸이고 무아 하면 무아란 말씀에 침몰된다.

붓다는 말씀한다. 우리라 하는, 나라 하는 나의 존재, 우리란 존재에 얽매이고 없는 나에게 갇히지 말라. 오히려 조건에 지워진 삶에 대한 각성과 성찰, 이것이 전부다. 이것에 대한 가르침이 금강의 말씀 전부다.

금강의 지혜인 자아의 깨달음은 바로 자기에게 있음을 말씀하고 있다.

야보 게송

밥이 오니 입을 열고 잠이 오니 눈을 감는다.　　飯來開口 睡來合眼

천 척의 낚싯줄을 곧장 아래로 드리우니　　千尺絲綸直下垂

한 파도가 움직여 만 파도가 따라 오네　　一波纔動萬波隨

고요한 밤 물은 찬데 고기는 물지 않고　　夜靜水寒魚不食

빈 배에 가득 밝은 달빛만 싣고 돌아가네　　滿船空載月明歸

— 『선문염송』 권12, 533칙 「천척」

월조 강해

　위의 야보송으로 인용된 「천척千尺」은 선자덕성船子德誠의 게송이다. 선자덕성은 약산유엄의 법자. 덕성은 소주(절강성) 화정현에서 배 한 척으로 오고가는 사람을 실어주고 서로의 인연과 근기에 따라 법을 설하였다. 사람들은 화정선사를 선자화상이라 불렀다.

　선문에서는 옛 선장들의 게송을 인용할 때, 선구나 선시 전체를 그대로 옮겨 적은 것을 간혹 읽게 된다. 이것을 작시할 때 문학적인 미학에 있는 것이 아니고 오직 중생들을 깨닫게 하는 데 뜻이 있기 때문이다. 이것은 미학에 대한 것보다 도를 직시하기 위해서다. 곧 중생의 제도를 위한 노파심절에서 자비심이기 때문이다.

　『조당집』 권3, 『경덕정등록』 권14, 『오등회원』 권5, 『어오록』 대장경47, 『연등회요』 권19, 『조정사원』 권2, 『정법안장』 권4, 『운문광록』, 『백운어록』 등 많은 선서에 「천척」의 시와 덕성선사의 선화가 기록되어 있다.

함허 설의

황면노자가 적멸장을 좇아 생사의 바다에 들어가, 큰 가르침의 그물을 펴 인천의 고기를 걸러내니 일체중생이 그 그물에 들 리 없다. 왜냐하면 사람이 다리가 있어, 걷고자 하면 곧 걷고 머물고자 하면 곧 머물러서 다른 사람에게 구하지 않는 것이다. 개개가 손이 있어 잡고자 하면 곧 잡으며 놓고자 하면 곧 놓아 남의 힘을 빌리지 않는다. 이렇게 밥이 오면 입을 열고 잠이 오면 눈을 감고 일체가 자유다. 다른 사람의 능함을 빌리지 않는다. 이미 이 같으니 어찌 중생이 부처의 제도된 바가 됨이 있을 것인가. 이렇게 사십구년을 이렇게 오든 가든 마침내 물물物物을 얻음이 없이 빈손으로 돌아간다.

제31분의 헌시_ 눈은 내리고 다시 눈은 내릴 것이고 아득한 눈이 내린다

눈이 내린다 작년 또 작년을 넘어 눈이 내린다

오늘도 아닌 오늘 오늘의 눈이 내린다 눈 위에 내가 눈 아래 내가 있다
나는 나 아닌 눈사람 눈을 머리에 이고 다가오는 사람들, 다가오고 지나
고 열심히 아스팔트 위에서 눈사람이 걸어가네 나 없는 내가 걸어가고 작
년 넘어 눈이 내리고 다음다음의 눈이 올 것이고 주먹코를 풀면서 주먹코
밑 입술 위 카이젤 수염 눈사람이 걸어가네 눈으로 다리를 베어낸 빨간
우체통이 눈을 감고 눈에 다리를 묻고 서 있네 눈이 다리를 감추고 바람
이 눈 사이로 망토를 펼치면 어린아이를 감추고 날아가네 바람다리 눈이
된 바람이 그렇게 오고 그렇게 가네 없는 내가 보이는 내가 보여지지 않
는 내가 있고

그 곳곳마다 바로 이 찰나의 눈이 눈을 보네

무술년 제야(除夜)

월조 송준영 삼가 올리다

진리와 현상은 둘이 아니니
지견을 내지 말라

應化非眞

"수보리야, 사람이 있어 무량아승지세계에 가득한 일곱 가지 보물로 가지고 보시한다 해도, 만약 선남자 선여인이 보살심을 내어 이 경을 지니면서 또 사구게 만이라도 받아 독송하며 남을 위하여 설해준다면 그 복은 저 복보다 한층 더 나은 것이다. 어떻게 설할 것인가. 상에 치우치지 말고 여여하여 움직이지 않을 것이다. 왜냐하면

모든 우리의 삶은	一切有爲法
꿈과 같고, 환상 같고, 물거품 같고 그림자와 같고	如夢幻泡影
이슬과 또 우뢰와 같으니	如露亦如電

須菩提, 若有人滿無量阿僧祇世界七寶 持用布施 若有善男子善女人 發菩薩心者 持於此經 乃至四句偈等 受持讀誦 爲人演說 其福勝彼. 云何爲人演說, 不取於相 如如不動, 何以故

一切有爲法
如夢幻泡影
如露亦如電
應作如是關

佛說是經已 長老須菩提 及諸比丘比丘尼 優婆塞優婆夷 一切世間天人阿修羅 聞佛所說 皆大歡喜 信受奉行.

스승께서 이 경을 설하시니 장로 수보리와 모든 비구 비구니 우바세 우바이와 일체 세간의 하늘과 사람과 아수라가 스승의 설하심을 듣고 모두 기쁘게 믿고 받들어 행하였다.

보유補遺

월조 강해

스승께서는 마지막 사구게는 '마땅히 이와 같이 관찰하라' 하시는 말씀을 끝으로 이 경전을 끝맺는다. 제2분에서 장로 수보리가 '깨달음으로 가는 사람들인 보살들은 어떤 생활태도와 어떤 마음을 지녀야 합니까' 하는 질문으로부터 시작된다.

우리의 존재는 궁극적으로 보건 '있다' '없다'를 넘어선 본래 그 대로임을 스승께서는 천명한다. 해탈이나 열반은 본래 자리로 귀향하는 것. 이것을 『반야심경』은 오온개공五蘊皆空 즉 자기의 존재가 텅 빈 존재라고 깊이 인식했을 때 그 존재는 꺾을 수 없는 한없는 무게를 지닌다. 이렇게 되었을 때 삶과 자신이 하나가 되는 자발광自發光의 대자유인이 된다. 마지막 32분 사구게에서는 '꿈과 같고 환상과 거품과 그림자와 같음을 알고 또 이슬과 번개와 같다는 말씀'으로 끝맺는다. 유무有無 · 주야晝夜 · 색공色空 · 생사生死가 몰려들고 빨려드는 무아, 0, 제로, 공과 같으니 마땅히 이와 같이 관하라는 이 말씀으로 끝난다.

> 현상계라 하는 것은
>
> 별이나, 눈앞에 그림자나, 등불이나, 혹은 환상이나,
>
> 이슬이나, 물거품이나, 꿈이나, 번개나, 구름과 같이
>
> 그와 같이 보는 것이 좋다.[1] *(무상함을 깨닫게 한다)*

모든 것은 변천한다. 자신을 섬으로 삼고 자신을 의지하여 머물고 남을 의지하여 머물지 말라(진리를 섬으로 삼고 진리에 의지하여 머물고 다른 것에 의지하여 머물지 말라)하는 스승의 유훈과 『금강경』 마지막 사구게의 말씀과는 같다.

---

1 이 사구게 번역은 이기영이 한글역한 에드워드 콘즈의 『바즈라체디카 프리즈나 파라미타(Vajacchedikā Prañjāpāramitā)』를 그대로 옮겼다. 바즈라체디카는 능단금강(能斷金剛)으로 번역하였고, 금강석과 같이 잘 잘린다 혹은 금강저(金剛杵)와 같이 잘 깨뜨린다는 의미며 『능단금강반야바라밀다경』이라고도 번역된다.

　　물질과 물질의 현상인 존재는 무아이며 Zero이며 공이어서 본래 생멸이 없다. 곧 우리 존재는 제로의 활성화이다. 무시 이래 이루어진 업이 일어나므로 기연에 의해 삶이 형성된다. 우리들의 삶인 오온에 의해 '없다 무無'와 '있다 유有'가 생겨나니 있음은 의식이고 의식은 마음이 된다. 따라서 우리의 마음엔 사실과 허위가 공존하게 된다. 중생인 우리는 본래 마음을 알지 못하고 마음에 끌려 다니게 되고 보살은 깨달음의 마음에 의해서 삶을 부리며 살아간다. 중생인 우리는 물질 색色·느낌 수受·인식 상想·행위 행行·아름알이 식識에 의해 태어나면 죽음이 있다. 물질인 색을 스스로 존재로 알고 있는 중생인 우리는 반드시 변하고 허물어지나 붓다는 무아인 동시에 공이어서 태어나도 태어난 것이 아니고 죽어도 죽은 것이 아니다. 반야의 지혜, 곧 금강의 말씀(『The Diamond Sūtra』)을 일러주고 보여주며 색즉시공 공즉시색色卽是空 空卽是色의 법문을 통해 우리를 성큼 부처의 세상에 들도록 한 것이다. 생각하건대 우리 모두가 갖추고 있는 본질인 붓다의 자발광自發光에 의해 일체 오온의 세계를 깨뜨리므로 이 지혜가 바로 스스로를 중생에서 벗어나 부처되게 만드는 것이 된다. 스승께서 21년 동안 설하신 대반야부 600권은 모두 반야의 지혜로 다이아몬드와 같은 번뇌망상을 깨뜨리는 기관인 동시에 반야바라밀다般若波羅蜜多이다. 지금 이 찰나의 법은 현실이고 부처인 현실의 우리를 자각하게 한다. 이것 역시 직투直透에 있으며, 직면直面하게 된다.

이제『금강경』마지막 32분의 글을 읽는다.『능단금강반야바라밀다경能斷金剛般若波羅蜜多經』에서 올올이 뿌리는 금강반야의 자발광을 내뿜으며 마치기로 한다.

다시 또 수보리야, 실로 구도자와 훌륭한 사람들이 헤아릴 수 없이 많은 수의 세계를 일곱 가지의 보배로 가득 채우고 모든 여래와 존경받을 만한 사람과 올바로 깨달은 사람에게 보시했다고 하자. 또 다른 한 편에서는 훌륭한 젊은이와 훌륭한 딸들이 '지혜의 완성'이라는 본문 중에 四行詩 하나라도 받들어서 기억하고, 외우고, 이해하고, 다른 사람들을 위해서 자세히 설명해 들려준다고 하면 이쪽이 그 일로 말미암아 헤아릴 수 없이 많은 수의 더 많은 공덕을 쌓은 일이 된다. 그렇다면 어떻게 설명하여 들려 줄 것인가. *(그냥 읽는다. 설명해 듣지 않는 게 좋다.)*

스승은 이와 같이 말씀하셨다. 수보리 상좌는 기뻐하였고, 그리고 이들 수행승과 비구니, 재가의 신자들과 신녀들 또 이들 구도자들 천상계의 존재, 인간, 아수라, 건달바 등을 포함하는 세계의 모든 존재들은 스승의 설하신 것을 찬양하였다.

절단하는 것으로서의 금강석, 신성한, 존경할 만한 지혜의 완성, 이것으로 끝낸다.

1. 스승의 가르침은 갈애와 고뇌를 컷어나 일상적인 삶을 누리게 하는 길이다.

2. 깨달음으로 가는 사람들은 '나는 모든 사람을 열반으로 이끌되, 한 사람도 실제 이끌었다는 생각조차 없다'. 그것은 깨달았다는 고정된 법이 없기 때문이다.

3. 금강의 지혜는 내가 말한 지혜의 완성이 아니기 때문에 지혜의 완성이라 이름한다. 나의 체험한 깨달음은 그 내용이 완전히 존재하거나 완전히 없다가 아니다. 때문에 모든 물물은 오직 깨달음의 존재로 존재한다. 고로 모든 존재는 모든 비존재다.

4. 여래란 좋음도 없고 그대로 있는 것도 아니다. 오직 행주좌와 어묵동정이 그의 살림살이고 집이다.

5. 실재로 스승의 말씀이라 할 것은 없다. 그 위나 그 아래나 속이나, 스승의 말씀이라는 말만이 있다

Zero의 발견, 무아는 0을 발명하고

까마득한 옛날 설산 아래 모든 물물物物의 존재는 슈나śūnya, 곧 무아無我임을 말씀한 이가 있었네. 본래 그렇다고 말한 이가 있네. 이때는 눈에 있는 모든 것에 하나 둘 셋 넷 다섯 …… 숫자를 세며 살아왔었지. 그리고 1,000년 후 모든 존재 앞에 뭔가 있다는 인도인들의 생각이, 또 그로부터 100년 후 없는 듯 있는 자리에 0을 넣었고, zero를 말하게 되었네. 1,000년 전 성인의 무아란 천리天理의 말씀이 드디어 0이란 숫자로 나타나게 되었다네.

…… -5, -4, -3, -2, -1, 0, 1, 2, 3, 4, 5 ……

0의 발명으로 보이지 않는 세계, 사람 사는 동네에서 사람이 살지 않는 세계를 드디어 삶의 세계와 죽음의 세계를 머릿속에 그리게 되었네. 삶으로 불의 발견과 정신 속의 0의 발명은, 슈나란 무아이고 0이고 이 zero는 중국에선 공空으로 일컬어지고 이 공은 반야부 600권으로 벌어지고 모자란 나는 우두커니 책상머리에 앉고 고요로 들어간 공은 선방수좌禪房首座들의 가슴속을 점령하고 우리를 졸리게 하고 울먹이게 하고

슈나란 무엇인가. 내가 없다는 것은 무엇인가. 0, 제로란 무엇인가. 모든 고

요의 둘러빠짐은 어째서 되비침으로 태어나는가. 공의 지난至難함이여! 흔히 있는 듯 없고 없는 듯 있음으로 짐짓 나타나는 공이여! 오늘도 책상머리에 두고 온 지우개 한 토막이여! 그대 오늘도 그대로 잘 있는가. 0이여! 무아여!

기해년己亥年

월조越祖 송준영 근송謹頌

참고문헌

『금강경(金剛經)』

『금강경오가해(金剛經五家解)』

『금강경삼가해』

『선문염송(禪門拈頌)』

『보조어록』

『능단반야바라밀경(能斷般若波羅蜜經)』

『대반야경(大般若經)』

『법보단경(六祖壇經)』

『경덕전등록(景德傳燈錄)』

『조론(肇論)』

『신심명(信心銘)』

『벽암록(碧巖錄)』

『법화경(妙法蓮華經)』

『대당서역기(大唐西域記)』

『반야심경찬(般若心經讚)』

『무의자시집(無衣子詩集)』

『중아함경(中阿含經)』

『장아함경(長阿含經)』

『대지도론(大智度論)』

『채근담(菜根譚)』

『자아타카』

『이입사행론(理入四行論)』

『선, 언어로 읽다』

『선, 발가숭이 어록』

『선으로 읽는 반야심경』

『선, 초기불교와 포스트모더니즘 너머』

『운문광록』
『백운어록』
『경덕전등록』
『조당집』
『오등회원』
『금강경·반야경』